SUSANA NAVAS NAVARRO

El régimen de participación en las ganancias desde una perspectiva europea

Colección
Monografías de Derecho Civil

I. Persona y Familia

DYKINSON

El régimen de participación en las ganancias desde una perspectiva europea

(Atención especial a la reciente modificación del Derecho catalán)

SUSANA NAVAS NAVARRO
Catedrática de Derecho civil
UAB

EL RÉGIMEN DE PARTICIPACIÓN EN LAS GANANCIAS DESDE UNA PERSPECTIVA EUROPEA

(Atención especial a la reciente modificación del Derecho catalán)

GOBIERNO DE ESPAÑA
MINISTERIO DE EDUCACIÓN, CULTURA Y DEPORTE

Dykinson, S. L.

UAB
Universitat Autònoma de Barcelona

Colección "Monografías de Derecho Civil"
Dirección de D. Mariano Yzquierdo Tolsada

Proyecto número DER 2010-17499

Madrid, 2014

Editorial DYKINSON, S.L. Meléndez Valdés, 61 - 28015 Madrid
Teléfono (+34) 91 544 28 46 - (+34) 91 544 28 69
e-mail: info@dykinson.com
http://www.dykinson.es
http://www.dykinson.com

Consejo editorial: véase www.dykinson.com/quienessomos

ISBN: 978-84-90851-94-4

Maquetación:
Balaguer Valdivia, S.L. - german.balaguer@gmail.com

A los Profesores que participan en el seminario de Derecho civil de la Universidad de Barcelona

ÍNDICE

ABREVIATURAS

ABGB	Allgemeines Bürgerliches Gesetzbuch (Austria)
BGB	Bürgerliches Gesetzbuch (Alemania)
BGb	Bundesgesetzblatt (Alemania)
BGH	Bürgerliches Gerichtshof (Alemania)
BOE	Boletín oficial del Estado
BOPC	Butlletí oficial Parlament de Catalunya
CCB	Código civil (Bélgica)
CCCat	Código civil de Cataluña
CCE	Código civil (España)
CCF	Código civil (Francia)
CCQ	Código civil (Quebec)
CCS	Código civil (Suiza)
CDCC	Compilació de dret civil de Catalunya
CE	Constitución española
CF	Codi de família
CFA	Convenio franco-alemán
Coord.	Coordinador
Dir.	Director
DOGC	Diari oficial Generalitat de Catalunya
DNotZ	Deutsche Notar Zeitschrift
Ed.	Edición
Eds.	Editores
ERPL	European Review of Private Law
FamRZ	Zeitschrift für das gesamte Familienrecht

i.f.	in fine
IFL	International Family Law
LAU	Ley de arrendamientos urbanos
LC	Ley concursal
LH	Ley hipotecaria
LEC	Ley de enjuiciamiento civil
LRC	Ley del registro civil
n.	número
p./pp.	Página/páginas
RAJ	Repertorio Aranzadi de Jurisprudencia
RCDI	Revista crítica de derecho inmobiliario
RDN	Revista de Derecho notarial
RJC	Revista Jurídica de Cataluña
RRM	Reglamento Registro Mercantil
s./ss.	Siguiente/siguientes
STSJC	Sentencia Tribunal superior de justicia de Catalunya
T.	Tomo
TFUE	Tratado fundacional de la Unión Europea (Tratado de Lisboa)
TS	Tribunal Supremo
V.	Volumen
v. gr.	Verbi gratia
Vid.	vide
ZEV	Zeitschrift für Erbrecht und Vermögensnachfolge

I. EL RÉGIMEN DE PARTICIPACIÓN EN LAS GANANCIAS CATALÁN EN EL CONTEXTO EUROPEO

En este apartado introductorio abordaremos tres aspectos. Por un lado, el encuadre europeo del régimen matrimonial que estudiamos (1.), en segundo término, las fuentes legales extranjeras que lo han venido inspirando (2.) y, en último lugar, haremos una sucinta descripción del régimen de participación catalán (3.).

1. ENCUADRE EUROPEO DEL RÉGIMEN MATRIMONIAL

El régimen de participación en las ganancias es el legal supletorio, en algunos países de nuestro entorno europeo, en los cuales, el régimen económico del matrimonio supone, en mayor o menor medida, una participación en las ganancias habidas, durante el matrimonio, por cada uno de los cónyuges, que se reparten, al término del mismo, entre ellos, en función de la mayor o menor solidaridad conyugal que haya considerado el legislador necesario establecer[1]. Esta solidaridad conyugal no impide, sin embargo, mantener la independencia entre los patrimonios de los cónyuges y su administración y disposición de los bienes de forma separada. Así, se combinan libertad individual, a la hora de gestionar el patrimonio propio, con la solidaridad patrimonial derivada del vínculo conyugal[2].

En efecto, dejando aparte Inglaterra y Gales, en los que no existe régimen económico del matrimonio o, en todo caso, sería un sistema que se asemejaría

---

[1] BRAAT, B., "Matrimonial Property Law: Diversity of Forms, Equivalence in Substance?" en ANTOKOLOSKAIA, M. (ed.), *Convergence and Divergence of Family Law in Europe*, V. 18, Intersentia, EFL, Antwerpen / Oxford, 2007, pp. 230 ss.

[2] ANTOKOLOSKAIA, M. "Harmonisation of Family Law in Europe: A Historical Perspective" en ANTOKOLOSKAIA, M. (ed.), *Convergence and Divergence of Family Law in Europe*, V. 18, Intersentia, EFL, Antwerpen / Oxford, 2007, p. 20.

más, sin serlo, al régimen de separación de bienes[3], aunque no dejan de haber voces que consideran que los poderes que se le otorgan al juez, en el momento del divorcio de los cónyuges, para distribuir entre ellos los bienes y asignar propiedades (Part II *Matrimonial Causes Act* 1973, sección 25), de acuerdo con un principio de solidaridad conyugal, harían que el sistema inglés y galés, en ciertos aspectos, estuviera más cerca de la introducción de un régimen matrimonial[4] que, en la práctica, podría considerarse una comunidad deferida de bienes similar a la que existe en los países escandinavos[5], otros países de nuestro entorno tienen como régimen matrimonial legal supletorio, en ausencia de pacto de los cónyuges, uno basado en la separación de bienes pero en conexión con una determinada participación en las ganancias, en el momento de la extinción del mismo, ya sea porque, como los ya mencionados países escandinavos (Dinamarca, Noruega, Suecia[6]) o Austria[7], forman, en el momento de la liquidación, una comunidad de bienes que se reparten por mitad (comunidad deferida de bienes), ya sea porque nazca un derecho de crédito a participar en las ganancias (sistemas de participación en las ganancias) obtenidas durante el matrimonio por los cónyuges (Alemania, Grecia, Suiza, Turquía, Cataluña).

Mayor solidaridad conyugal se da en aquellos sistemas en los que el régimen matrimonial legal supletorio es el de comunidad de bienes[8], aunque sea limitada, en el que existen tres patrimonios, los privativos de cada uno de los cónyuges y el patrimonio común, como sería el caso de la sociedad de gananciales en España (arts. 1362 a 1410 CCE) o la comunidad de bienes en Cataluña (arts. 232-30 a 232-38 CCCat)[9], pero también en Bélgica, Francia,

---

[3] Braat, B., "Matrimonial Property Law", p. 235.

[4] Thorpe, M., "Financial Consequences of Divorce: England versus the Rest of Europe" en K. Boele-Woelki / J. Miles / J. M. Scherpe (eds.), *The Future of Family Property in Europe*, V. 29, Intersentia, Cambridge / Antwerp / Portland, 2011, p. 14.

[5] Pintens, W., "Matrimonial Property Law in Europe" en K. Boele-Woelki / J. Miles / J. M. Scherpe (eds.), *The Future of Family Property in Europe*, V. 29, Intersentia, Cambridge / Antwerp / Portland, 2011, p. 21. Con anterioridad esta idea aparece en Cooke, E. / Akoto, A. / Barlow, A. / Callus, M., "Community of Property: a regime for England and Wales: Interim report", *IFL*, 2005, pp. 133-137; Steenhoff, G., "A Matrimonial Property System for the EU?", *IFL*, 2005, p. 77.

[6] Entre estos países existen, a su vez, diferencias, como puede apreciarse en las respuestas que se ofrecieron al cuestionario editado por Boele-Woelki, K. / Braat, B. / Curry-Sumner, I., *European Family Law in Action*, V. IV: Property Relations Between Spouses, Intersentia, EFL, Antwerp / Oxford / Portland, 2009, pp. 775 ss.

[7] Un apunte austríaco a tener en cuenta para el derecho catalán es el § 98 ABGB, en el cual se regula el derecho a una compensación económica del cónyuge que trabajó en los negocios del otro sin retribución o con una retribución insuficiente y que puede reclamar en cualquier momento sin necesidad de esperar a la liquidación del régimen económico matrimonial (Ferrari, S. / Koch-Hipp, M., "Eherecht in Österreich" en Süss, R. / Ring, G. (eds.), *Eherecht in Europa*, Angelbachtal, 2006, pp. 922 ss; Steenhoff, G., "A Matrimonial Property System for the EU?", p. 75).

[8] Steenhoff, G., "A Matrimonial Property System for the EU?", p. 75.

[9] Regímenes económicos comunitarios se encuentran en otros derechos autonómicos. Así, la sociedad conyugal y familiar de conquistas o la comunidad universal de bienes en Navarra (Leyes

Luxemburgo, Países Bajos[10], Portugal, Italia, Bosnia-Herzegovina, Bulgaria, Croacia, República checa, Letonia, Lituania, Polonia, Rusia, Eslovenia, Eslovaquia, Hungría, Ucrania y Estonia. No obstante, algunos de estos países también regulan el régimen de participación en las ganancias como otro régimen del que disponen los cónyuges a la hora de escoger la organización económica de su matrimonio.

Desde la perspectiva de la armonización de los diferentes regímenes económicos matrimoniales en Europa, la opción que se consideró que se correspondía mejor con los principios comunes que se podían extraer de los mismos es la que consistía en un sistema en el que, durante el matrimonio, se funcionara como un sistema de separación de bienes y, en el momento de la extinción, se hiciera una división de propiedades creando de esta guisa una comunidad diferida que se dividiera entre los esposos y que pudiera satisfacerse ya fuera en bienes o en dinero[11]. En este sentido, un sistema similar al escandinavo[12]. Sin embargo, no deja de ser destacable que, en un número importante de estados miembros, como acabamos de reseñar, el régimen económico-matrimonial es -sigue siendo- el de comunidad de bienes. Unos elementos esenciales comunes no existen entre ambos tipos de régimen matrimonial. De ahí que la comisión académica de derecho de familia haya optado, a la hora de elaborar los principios europeos en relación con las relaciones patrimoniales entre cónyuges, por establecer dos regímenes económico-matrimoniales -el de participación en las ganancias[13] y el de la comunidad de bienes[14]- sin decantarse específicamente por uno de ellos como régimen matrimonial legal supletorio. En el futuro estos principios pueden representar una contribución en la elaboración de un instrumento opcional

82 a 102 Fuero Nuevo), el consorcio conyugal aragonés (arts. 210 a 270 Código del Derecho foral), comunidad foral de bienes en Vizcaya y parte de Álava (arts. 93 a 111 Ley del derecho civil foral del País vasco), comunidad universal en el Fuero de Baylío, la germanía en la comunidad valenciana (arts. 38 a 43 de la Ley 10/2007, de régimen económico matrimonial valenciano) y la sociedad de gananciales en Galicia (art. 171 Ley de derecho civil de Galicia).

[10] No deja de ser llamativo el caso de los Países Bajos, en los cuales rige, como régimen económico supletorio, el de comunidad universal de bienes y, si bien se ha intentado modificar para que aquel fuera el régimen de participación en las ganancias, el Parlamento no ha aprobado el proyecto de ley que así lo establecía (Braat, B., "Matrimonial Property Law", pp. 247 ss).

[11] Algunas ideas generales apuntaban ya Boele-Woelki, K. / Jänterä-Jareborg, M. "Initial results of the work of the CEFL in the field of property relations between spouses", en Boele-Woelki, K. / Miles, J. / Scherpe, J. M., (eds.), *The Future of Family Property in Europe*, V. 29, Intersentia, Cambridge / Antwerp / Portland, 2011, pp. 59-60.

[12] Braat, B. recuerda las opiniones, en esta dirección, de los profesores Verbeke, Steenhoff y Martiny ("Matrimonial Property Law", p. 250).

[13] La expresión que utilizan los Principios es "*participation in acquisitions*" comprendiendo los regímenes propiamente de participación y las comunidades de ganancias adquiridas o "*community of accrued gains*".

[14] La expresión empleada por los Principios es "*community of acquisition*" la cual comprende diferentes situaciones: la comunidad de bienes universal (*universal community of property*) así como otras modalidades de comunidad de bienes.

en derecho de familia europeo por parte de las instituciones europeas[15]. Mientras tanto ya empiezan a entreverse los primeros atisbos de una armonización espontánea en materia de régimen económico matrimonial[16] con la entrada en vigor el 1 de mayo de 2013 del Convenio celebrado entre Francia y Alemania[17] que regula de forma sustantiva un régimen matrimonial opcional consistente en una comunidad de ganancias similar a la regulada en el BGB, aunque con variantes más propias del derecho francés[18]. Se trata de un convenio que no sólo se aplica a matrimonios formados por cónyuges de doble nacionalidad, esto es, francesa y alemana, sino que permite que cónyuges de la misma nacionalidad (francesa o alemana) puedan acogerse al régimen regulado en el convenio (art. 1) y que cualquier Estado miembro de la Unión europea pueda adherirse a él de forma que sus ciudadanos puedan optar por pactar este régimen opcional (art. 21.1)[19]. De esta forma, la intención de los estados parte del Convenio es la de ofrecer un modelo de régimen económico matrimonial opcional para la Unión Europea[20]. Nosotros incluiremos las referencias específicas a las normas del Convenio y de los Principios europeos mencionados a lo largo de este trabajo,

---

15 Boele-Woelki, K. / Ferrand, F. / González Beilfuss, C. / Jänterä-Jareborg, M. / Lowe, N. / Martiny, D. / Pintens, W., *Principles of European Family Law Regarding Property Relations Between Spouses*, Intersentia, Cambridge / Antwerp / Portland, 2013, pp. 27-28.

16 Pintens, W., "Matrimonial property law in Europe", p. 45.

17 El convenio puede consultarse en la página web del ministerio de justicia alemán: http://www.bmj.de/SharedDocs/Downloads/DE/pdfs/Abkommen_zwischender_Bundesrepublik_Deutschland_und_der_Franzoesischen_Republik_ueber_den_Wahl_Gueterstand.pdf?__blob=publicationFile. Fecha de la consulta: julio 2013. Abreviado como "CFA", lo que se corresponde con "Convenio franco-alemán".

18 Becker, E. expone los extremos en los que las negociaciones entre los dos países se decantaron por propuestas francesas para que aquéllas pudieran avanzar (así, sucedió en el tema de la participación en las plusvalías). Vid., "The Franco-German Agreement on an elective "community of accrued gains" matrimonial property regime", Directorate-General for internal policy, Policy department citizens' rights and constitutional affairs, 2010, pp. 4-15. Una visión de conjunto sobre el convenio puede consultarse en Simler, Ph., "Le nouveau régime matrimonial optionnel franco-allemand de participation aux acquêts", *Droit de la famille*, n. 5, 2010, pp. 1-10.

19 Steenhoff, G. se decantó, en su momento, por el modelo de la *Zugewinngemeinschaft* del derecho alemán, como modelo para Europa, con dos modificaciones: a) posibilidad de que los tribunales se desvíen del porcentaje del 50 % de participación en las ganancias obtenidas por el cónyuge en caso de manifiesta desigualdad en las contribuciones de los esposos en la obtención de las mismas; b) la determinación de las ganancias y el derecho a participar debería revestir carácter imperativo y no debería poder excluirse en un pacto prenupcial ("A Matrimonial Property System for the EU?", p. 77).

20 De hecho, el art. 81 TFUE permitiría a la Unión europea elaborar un instrumento opcional acerca de un modelo de régimen económico matrimonial ofreciendo una base para la unificación de las leyes de los diferentes estados miembros al menos en supuestos de cónyuges de doble nacionalidad (http://eur-lex.europa.eu/LexUriServ/LexUriServ.do?uri=OJ:C:2012:326:0047:0200:ES:PDF. Fecha consulta: julio 2013). Algunas dudas acerca de la "practicabilidad" del régimen de participación en las ganancias como modelo de régimen económico matrimonial europeo, muestra Röthel, A., "Die Zugewinngemeischaft als europäisches Modell?" en Lipp, V. / Schumann, E. / Veit, B. (eds.), *Die Zugewinngemeischaft – ein europäisches Modell?*, 7. Göttinger Workshop zum Familienrecht 2008, Universitätsverlag Göttingen, 2009, pp. 62 ss; Fötschil, A., "The COMPR of Germany and France: Epoch-Making in the Unification of Law", *ERPL* 4-2010, p. 884.

en relación con el régimen de participación en las ganancias regulado en el derecho catalán, de suerte que se pueda comprobar cómo éste se encuentra muy cerca de un posible modelo europeo de régimen económico matrimonial. Así, en una futura armonización de los regímenes económicos matrimoniales en Europa sobre la base del régimen de participación en las ganancias, pocas modificaciones, si es que es el caso, debería hacer el legislador catalán.

Por su parte, la Comisión europea ha elaborado dos propuestas de reglamento: una relativa a la competencia, ley aplicable el reconocimiento y la ejecución de resoluciones en materia de regímenes económicos matrimoniales y otra en materia de efectos patrimoniales de las uniones registradas que vieron la luz el 16 de marzo de 2011[21], las cuales pueden también contribuir a la paulatina armonización del derecho de familia en este ámbito. En ellas no entraremos pues se apartan del objeto de nuestro estudio.

El régimen de participación en las ganancias podría ser probablemente el régimen económico matrimonial del futuro. Las modificaciones introducidas por el legislador catalán, en el Libro II CCCat, de las que daremos cuenta a lo largo de este estudio, lo acercan un poco más al modelo franco-alemán que se propone como armonización espontánea del derecho de familia en esta materia. De hecho, tanto el sistema alemán como francés fueron fuentes inspiradoras, en su momento, para el legislador catalán como también lo fueron para el legislador español cuando introdujo este mismo régimen en el Código civil. Además, el dato de que el legislador catalán haya reconfigurado jurídicamente la compensación económica por razón de trabajo acogiendo, para establecer la base de cálculo de la misma, las primeras normas del régimen de participación en las ganancias de la CDCC demuestra que la evolución legislativa tendería de forma cuasi natural hacia la instauración del régimen de participación en las ganancias como régimen legal supletorio en defecto de pacto de los cónyuges o futuros cónyuges. A nuestro entender, la nueva configuración de la compensación económica es uno de los últimos intentos del legislador catalán por seguir

---

Vid. tb. Fugardo Estivill, Josep M.ª, *El nuevo régimen económico matrimonial franco alemán de participación en las ganancias*, Bosch, Barcelona, 2013, pp. 16 ss.

[21] http://eur-lex.europa.eu/LexUriServ/LexUriServ.do?uri=COM:2011:0127:FIN:ES:PDF. Fecha consulta: julio 2013 (uniones registradas); http://eur-lex.europa.eu/LexUriServ/LexUriServ.do?uri=COM:2011:0126:FIN:ES:PDF. Fecha consulta: julio 2013 (matrimonio). Una visión global de ambas propuestas puede leerse en Fontanellas Morell, J. Mª., "Una primera lectura de las propuestas de reglamento comunitario en materia de regímenes económicos matrimoniales y de efectos patrimoniales de las uniones registradas" en Parra, C., *Nuevos reglamentos comunitarios y su impacto en el derecho catalán*, Bosch, Barcelona, 2013, pp. 257-290. Algunas de las cuestiones problemáticas de derecho internacional privado a este respecto son puestas de relieve por Röthel, A., "Die Zugewinngemeischaft als europäisches Modell?", pp. 59-62.

manteniendo, al menos, formalmente, el régimen de separación de bienes como legal supletorio en aras de la tradición jurídica[22].

2. FUENTES LEGALES EXTRANJERAS INSPIRADORAS DE LA REGULACIÓN CATALANA

El régimen de participación en las ganancias catalán ha tenido presentes tanto algunas normas de los diferentes sistemas de participación existentes en Europa (especialmente, el del CCE, el alemán, el francés, el belga y el suizo) como algunas de las normas de la *société d'acquêts* del derecho de Quebec (arts. 448 a 484), donde ésta es también el régimen legal supletorio, si los cónyuges o futuros cónyuges no optan por la separación de bienes o por un régimen de comunidad.

En la regulación del régimen de participación en las ganancias que ha venido realizando el legislador catalán puede observarse una cierta evolución. Así, en el primer régimen establecido en la CDCC (arts. 49 a 58) no se aludía, por un lado, a activo ni a pasivo, ni por otro, a patrimonio final y a patrimonio inicial. Se establecían dos masas de bienes, para cada uno de los cónyuges, una que contemplaba un determinado activo y pasivo en el momento de la liquidación del régimen (art. 54) y otra que hacía lo propio en el momento de inicio del régimen (art. 55). La ganancia para cada uno de los cónyuges se obtenía mediante una operación contable consistente en sustraer al valor neto obtenido, en el momento de la liquidación del régimen, el valor neto obtenido en el inicio del régimen. En este sentido, se podría afirmar que el régimen diseñado por el legislador catalán, respecto de su estructura, guardaba cierta similitud con la *Errungenschaftbeteiligung* del derecho suizo (arts. 196 a 220 CCS), en la que se determinan, a efectos contables, dos masas patrimoniales para cada uno de los cónyuges: aquellas que constituyen "bienes propios" (art. 198 CCS) y las que conforman los "bienes adquiridos" (art. 197.2 CCS). Existen pues cuatro masas de bienes. Las ganancias son definidas por el legislador helvético, como más arriba hemos indicado, como aquel "valor patrimonial" que cada uno de los cónyuges adquiere durante la vigencia del patrimonio (art. 197.1 CCS)[23]. Un sistema similar a éste sigue la ya mencionada *société d'acquêts* del Código civil de Quebec (CCQ). Sin embargo, si nos fijamos en la composición de cada masa

---

[22] ROCA TRIAS, E., "Els canvis en el règim de béns: de la separació a la comunitat diferida" en FLORENSA I TOMÀS, C. E. (dir.) / FONTANELLAS MORELL, J. M. (coord.), *La codificación del Derecho civil de Cataluña. Estudios con ocasión del cincuentenario de la Compilación*, Marcial Pons, Barcelona/Madrid, 2011, p. 102. Esta autora considera que el mantenimiento de la denominación de "régimen de separación de bienes" es un canto a la tradición jurídica catalana.

[23] El sistema suizo de participación en las ganancias puede consultarse en DESCHENAUX, H. / STEINAUER, P.-H. / BADDELEY, M., *Les effets du mariage*, Stämpfli, Berna, 2009, pp. 47 ss.

patrimonial, la regulación catalana se acercaba más a la *Zugewinngemeischaft* del BGB (§§ 1374-1375)[24], a la cual ha seguido el régimen de participación del CCE (arts. 1418 a 1426)[25], y a la *participation aux acquêts* del CCF (arts. 1570 a 1574)[26] que se refieren a patrimonio inicial originario y final de cada uno de los cónyuges.

El CF tenía presente, aunque únicamente en apariencia, sólo los dos patrimonios privativos de los cónyuges dentro de los cuales, a efectos contables, para determinar la ganancia de cada uno de ellos, debía establecerse un "activo" (art. 55) y un "pasivo" (art. 56). El primero era un "activo neto", puesto que a determinados bienes había que deducirles las deudas y lo mismo sucedía con el "pasivo" que había de ser un "pasivo neto". El activo neto miraba al momento de la liquidación mientras que el pasivo neto contemplaba el inicio del régimen. Por tanto, a pesar de emplear las expresiones "activo" y "pasivo" que harían pensar más en conceptos contables en el que el primero estaría formado por bienes (cosas y derechos) y el segundo por deudas y gravámenes, cada una de estas partidas, en realidad, constituían masas patrimoniales que tenían su propio activo y pasivo. Así, a pesar de la terminología empleada por el legislador catalán que no era especialmente acertada, el contenido de "activo" y "pasivo" era similar al del patrimonio final e inicial propio de los sistemas antedichos y la estructura volvía a reproducir las cuatro masas patrimoniales, dos por cada uno de los cónyuges[27].

En el CCCat se ha abandonado, con razón, estas expresiones y se reconoce sin ambages que las ganancias se determinan mediante una operación contable que consiste en sustraer al valor del patrimonio final neto de cada uno de los cónyuges el valor del patrimonio inicial neto que cada uno de éstos tuvieran al

---

[24] Una aproximación a este régimen modificado en 2009 puede verse en Schwab, D., *Familienrecht*, 17ª ed., C.H. Beck, Munich, 2009, pp. 114 ss.

[25] Para el derecho español, siguen siendo de imprescindible cita los comentarios a estos preceptos realizados por Morales Moreno, A. M. en *Comentarios a las reformas del derecho de familia*, V. II, Tecnos, Madrid, 1984, pp. 1808 ss.

[26] En Francia, este régimen matrimonial no ha dejado de ser simbólico. Quizá con la entrada en vigor del CFA, empiece a pactarse el mismo por los cónyuges franceses. Al respecto, vid. Albarian, A. "Les régimes matrimoniaux en droit français – Aspects de droit civil et de droit fiscal" en Bonomi, A. / Steiner, M., *Les régimes matrimoniaux en droit comparé et en droit international privé*, Librairie Droz, Ginebra, 2006, pp. 117 ss; Beignier, B., *Régimes matrimoniaux, pacs, concubinage*, LMD, Montchrestien, París, 2010, p. 231; Döbereiner, Ch., «Eherecht in Frankreich» en Süss, R. / Ring, G. (eds.), *Eherecht in Europa*, Angelbachtal, 2006, pp. 507 ss. Pillebont, J. F., *La participation aux acquêts*, Litec, 2ª edic., París, 2005, pp. 19 ss.

[27] En esta dirección, se ha afirmado que el régimen de participación en las ganancias catalán era un sistema que se acercaba al CCS y al CCQ con algunas peculiaridades (Casas Vallés, R. "Comentari a l'art. 54 CF" en Egea i Fernández, J. / Ferrer i Riba, J. *Comentaris al Codi de familia, a la llei d'unions estables de parella i a la llei de situacions convivencials d'ajuda mútua*, Tecnos, Madrid, 2000, p. 296). En nuestra opinión más bien se trataba de un sistema mixto donde se intentaban combinar ambos sistemas de régimen de participación en las ganancias.

inicio del régimen. De esta forma, la regulación se acerca claramente al BGB, CCE y al CCF, si bien se mantienen algunas normas importadas ya sea del derecho belga, suizo o quebequés, a las cuales, en el lugar oportuno, haremos mención. De otro lado, el legislador catalán, a nuestro entender, ha reproducido, en el Libro II, el sistema de determinación de la ganancia en el régimen de participación recogido en la CDCC, en la regulación de la determinación del incremento patrimonial a que da lugar la compensación económica en el sistema de separación de bienes actual (art. 232-6 CCCat), donde no se alude ni a activo ni a pasivo, ni a patrimonio inicial ni final.

3. DESCRIPCIÓN DEL RÉGIMEN DE PARTICIPACIÓN EN LAS GANANCIAS CATALÁN

El CCCat destina los arts. 232-13 a 232-24 a recoger el régimen de participación en las ganancias[28]. Estos preceptos constituyen la sección segunda del capítulo II en el que se regulan los regímenes económico-matrimoniales. Esta sección se estructura en tres subsecciones: disposiciones generales (arts. 232-13 a 232-17), liquidación del régimen (arts. 232-18 a 232-21) y pago del crédito de participación (arts. 232-22 a 232-24)[29]. En el derecho anterior, el CF regulaba el régimen de participación en las ganancias en los arts. 48 a 60, que componían el capítulo II del Título II, dedicado éste último a los regímenes económicos matrimoniales. El capítulo II se estructuraba en tres secciones cuyas rúbricas coincidían con las del CCCat[30].

---

[28] En el Proyecto de Ley de Libro II CCCat (BOPC, núm. 728, de 2 de junio de 2010) eran los arts. 232-12 a 232-23, los que regulaban este régimen económico matrimonial, si bien sólo se aludía a "régimen de participación", como hace el CCE, en la rúbrica que precede a los arts. 1411 a 1434. Finalmente, prevaleció la expresión utilizada por el Código de Familia (CF) y se mantuvo "régimen de participación en las ganancias".

[29] La disposición transitoria segunda, segundo epígrafe, del Libro II CCCat establece que los regímenes económicos matrimoniales que se hubieran acordado de acuerdo con las normas del derecho anterior (CDCC o CF), en el momento de la entrada en vigor del Libro II, producen efectos de acuerdo con ese derecho. Por tanto, no se aplican retroactivamente las normas contenidas en el Libro II respecto de los regímenes matrimoniales, entre ellos, el régimen del que tratamos.

[30] La Compilación, en los arts. 49 a 58, que constituían el capítulo X del título III, también estructuraba la regulación del régimen en tres secciones: la primera, titulada "*disposiciones generales*", la segunda, "*la liquidación del régimen de participación: la determinación de las ganancias y el derecho de participación*" y la tercera, "*el pago del crédito de participación*". A modo de recordatorio, el régimen de participación en las ganancias se introdujo, por primera vez en el derecho catalán, mediante la Ley 8/1993, de 30 de septiembre, de modificación de la compilación en materia de relaciones patrimoniales entre cónyuges (DOGC, núm. 1807, de 11 de octubre de 1993). Se ha solido afirmar que el régimen de participación no era desconocido en el derecho catalán por cuanto la "asociación a compras y mejoras", régimen económico local -actualmente recogido en los arts. 232-25 a 232-27 CCCat- era un régimen que guardaba semejanza con el de participación. De hecho, el art. 232-25.2 CCCat se remite como fuente de regulación del régimen, en tercer lugar, al régimen de participación "*en la medida en que lo permita su naturaleza específica*". A nuestro

El Preámbulo del Libro II CCCat (§ III letra c) advierte, en relación con el régimen de participación en las ganancias, que el legislador ha revisado los preceptos que lo regulaban, en la legislación anterior, para corregir las "deficiencias" que, en la práctica, dificultaban que fuera una alternativa al régimen de separación de bienes que, como se conoce, es el régimen matrimonial legal supletorio en el derecho catalán (art. 231-10.2 CCCat). Las novedades que ha introducido el legislador catalán, para evitar esas deficiencias, las iremos exponiendo a lo largo de este estudio. En algún caso, la pretendida novedad no es sino la aceptación de alguna crítica que, en su momento, ya había planteado la doctrina (v. gr. supresión de la prohibición de disponer que preveía el art. 54.2 CF). En otros casos, es reproducción de alguna norma de derecho extranjero [v. gr. la norma del art. 232-20.1 inciso final CCCat acerca de consignar el saldo negativo en caso de que éste fuera el resultado de las operaciones contables respecto del patrimonio inicial que es una norma que proviene de la reforma del régimen de comunidad de ganancias (*Zugewinngemeinschaft*) en el BGB que tuvo lugar en 2009[31]]. A nuestro juicio, si se tiene presente cómo el legislador catalán ha configurado la compensación económica por razón del trabajo que desempeña un cónyuge para la casa o en los negocios del otro, en el régimen de separación de bienes, en los arts. 232-5 a 232-12 CCCat, cuya forma de cálculo se asemeja muchísimo a las operaciones contables de liquidación del régimen

entender, ello puede tener sentido en lo referente a la liquidación del régimen económico (art. 232-27 CCCat); pero no tanto en relación con la administración de los bienes (art. 232-26 CCCat), que parece configurarlo más próximo al régimen de comunidad de bienes (arts. 232-30 a 232-38 CCCat). Por ello, podría ser calificado como un régimen económico mixto o híbrido. Durán i Bas, en su *Memoria acerca de las instituciones del Derecho civil de Cataluña, escrita con arreglo à lo dispuesto en el artículo 4º del Real Decreto de 2 de febrero de 1880* (Imprenta de la Casa de la Caridad, Barcelona, 1883, edición facsímil, Barcelona, 1995) lo consideraba un régimen de comunidad (pp. 50-51). De hecho, la Compilación tenía agrupado este régimen económico, junto con los otros también locales, bajo la rúbrica "*Règims de comunitat*" [vid. Mirambell Abancó, A., *Manual de Derecho civil català,* dir. Badosa Coll, F. (dir.), Marcial Pons, Barcelona/Madrid, 2001, p. 483. Un planteamiento completo de las diferentes posiciones doctrinales, puede leerse en Bosch Capdevila, E., "La naturalesa jurídica de l'associació a compres i millores", *Materiales de les vuitenes Jornades de Dret català a Tossa*, Tirant Lo Blanch, Valencia, 1996, pp. 447-467; Giménez Bou, E., "Naturaleza jurídica de la asociación a compras y mejoras después de la Ley 8/93, de 30 de septiembre, de modificación de la Compilación en materia de relaciones patrimoniales entre cónyuges: ¿Régimen de comunidad o de participación en ganancias?", *La Notaría*, 9-1994, pp. 27-28].

31 *Gesetz zur Änderung des Zugewinnausgleichs- und Vormundschaftsrechts* de 6 de julio de 2009 (BGb, núm. 39 de 10 de julio de 2009, http://npl.ly.gov.tw/pdf/6870.pdf). En nuestra opinión, la reforma del BGB en 2009 no sólo tuvo la intención de corregir las deficiencias que se daban en la práctica a la hora de aplicar el sistema de liquidación en caso de extinción del mismo, sino de acercarse, en la medida de lo posible, a las normas del Convenio franco-alemán, al que nos iremos refiriendo a lo largo de este estudio, y que, en ese momento, se estaba discutiendo entre las delegaciones de ambos países. Es un intento, a nuestro modo de ver, por parte del legislador alemán, de ofrecer una alternativa muy similar al Convenio a los cónyuges alemanes, dentro de su propio ordenamiento jurídico, que no haga necesario que se acojan al mismo.

de participación en las ganancias, parece todavía más difícil que unos cónyuges o futuros cónyuges catalanes se decidan por pactar este régimen económico matrimonial. De hecho, más bien parece un intento del legislador por resistirse a que el régimen de participación en las ganancias se acabe imponiendo como régimen legal supletorio, habida cuenta de esa posibilidad "europea" de convertirse en uno de los regímenes económicos matrimoniales supletorios del futuro, como parecen atestiguar tanto el Convenio franco-alemán que, como hemos advertido, regula de forma sustantiva un régimen matrimonial opcional consistente en una comunidad de ganancias como los principios elaborados por, la Comisión de derecho de familia, en relación con las relaciones patrimoniales entre cónyuges. Es un último intento por mantener el régimen de separación de bienes como régimen legal supletorio en Cataluña, admitiendo un determinado grado de solidaridad conyugal que lo acerca mucho al régimen de participación en las ganancias[32], hasta el punto de admitir la compensación económica en caso de extinción del régimen de separación por muerte de uno de los cónyuges y debe recordarse que, en el régimen de participación, ésta es también una causa de extinción del mismo. En la práctica, la autonomía de la voluntad de los cónyuges a la hora de configurar el régimen de la compensación económica (art. 232-7 CCCat) permite alcanzar el mismo grado (o, incluso, mayor) de solidaridad conyugal que el que existe en el régimen de participación. La diferencia se encuentra en que el crédito de compensación sólo nacerá si se trabaja para la casa o en los negocios del otro cónyuge sin retribución o una retribución insuficiente y se genera un incremento patrimonial en el consorte que trabaja fuera del hogar familiar (art. 232-5 CCCat)[33]; mientras que en el régimen de participación la determinación de ganancias como consecuencia del incremento patrimonial es independiente de esa contribución del cónyuge.

---

[32] Navas Navarro, S., "El régimen de separación de bienes como modalidad de régimen de participación en las ganancias en el Libro II CCC (Una primera lectura)" en *Estudios de derecho civil en Homenaje al Profesor José González García*, Jiménez Liébana, D. (coord.), Universidad de Jaén, Thomson-Aranzadi, 2012, ISBN: 978-84-9014-409-1, pp. 1305-1327; Nasarre Aznar, S., "La compensación por razón del trabajo y la prestación compensatoria en el Libro Segundo del Código Civil de Cataluña" en Barrada, R. / Garrido, M. / Nasarre, S., *El nuevo derecho de la persona y de la familia*, Bosch, Barcelona, 2011, pp. 268-272; Roca Trias, E., "Els canvis en el règim de béns: de la separació a la comunitat diferida" en Florensa i Tomàs, C. E. (dir.) / Fontanellas Morell, J. M. (coord.), *La codificación del Derecho civil de Cataluña. Estudios con ocasión del cincuentenario de la Compilación*, Marcial Pons, Barcelona/Madrid, 2011, p. 102. Por su parte, Ginebra Molins, M. E., mantiene que el fundamento sigue siendo el enriquecimiento injustificado (Ginebra Molins, M. E., "Compensació per raó de treball en cas d'extinció del règim per mort: aspectes familiars i successoris" en *Qüestions actuals del dret català de la persona i de la família*, Materials de les Dissetenes Jornades de Dret català a Tossa, Universitat de Girona, Documenta universitaria, 2013, pp. 403 ss).

[33] Roca Trias, E. entiende que, a tenor de las nuevas disposiciones legales sobre la compensación económica por razón de trabajo, los casos en los que no exista derecho a la misma serán muy y muy limitados ("Els canvis en el règim de béns", p. 102).

El art. 232-13.1 CCCat describe los rasgos fundamentales del régimen de participación: durante la vigencia del régimen funciona como un régimen de separación de bienes pero, en el momento de la extinción, se consolida la expectativa que se ostentaba en derecho de crédito a participar en las ganancias obtenidas por cada uno de los cónyuges mientras el régimen matrimonial duró, si bien su titular y su cuantía, al tratarse de un crédito pecuniario, son determinables. De hecho, el precepto alude al derecho a participar en el "incremento patrimonial"[34] obtenido por el otro cónyuge, en lugar del derecho a participar en las "ganancias" como advertía el art. 48.1 CF y establece el art. 1411 CCE. Parece que el legislador equipara "ganancias" a "incremento patrimonial" cuando, en puridad, "ganancia" implica el "valor del incremento patrimonial" que ha tenido lugar ostentándose el derecho a participar en ese valor, de ahí que la redacción del art. 197.1 ZGB, en el derecho suizo, que alude al derecho a participar en el "valor patrimonial" resulte, a nuestro modo de ver, más acertada. De hecho, en el régimen de participación se tienen en cuenta siempre "valores".

La diferencia entre el valor del patrimonio final y el valor del patrimonio inicial supondría el valor del incremento patrimonial o "ganancia", en su caso, habido ostentando el cónyuge acreedor derecho, si no se ha establecido otra cosa, a la mitad del valor de ese incremento o a la mitad de la diferencia de valores de haber incremento patrimonial para ambos cónyuges (art. 232-21 CCCat)[35].

---

[34] Otros preceptos que emplean la expresión "incremento patrimonial", en la regulación de este régimen, son los arts. 232-15.1 y 232-21 CCCat. También se alude a incremento patrimonial en la regulación de la compensación económica por razón de trabajo en el régimen de separación de bienes (arts. 232-5.4, 232-6 CCCat). De hecho, en la regulación de la compensación el legislador catalán emplea la expresión "incremento" en un doble sentido: uno, como el ya referido incremento patrimonial y, otro, como aumento de la cantidad o del porcentaje que se tenga derecho a recibir en concepto de compensación económica (arts. 232-5.4, 232-7 CCCat).

[35] Debemos remitirnos al epígrafe V de este trabajo.

II. LA AUTONOMÍA DE LA VOLUNTAD EN EL RÉGIMEN DE PARTICIPACIÓN EN LAS GANANCIAS

La voluntad de los cónyuges en relación con el régimen de participación en las ganancias se manifiesta esencialmente en dos extremos. En primer lugar, en el momento de la elección del mismo con la consiguiente aportación del inventario de los bienes de cada uno de los cónyuges (1.), en segundo lugar, en las fuentes normativas del régimen con las cuestiones que puede suscitar la aplicación subsidiaria del régimen de separación de bienes (2.) y, en tercer lugar, los pactos introducidos por los cónyuges que se aparten de la regulación del régimen de participación pergeñada por el legislador catalán (3.).

1. PACTO DE CONSTITUCIÓN DEL RÉGIMEN. NECESIDAD DE INVENTARIO

Como indica el art. 231-10.1 CCCat un régimen económico matrimonial diferente del legal supletorio que es, como se sabe, el de separación de bienes (art. 231-10.2 CCCat), debe convenirse en capítulos matrimoniales (art. 231-19.1 CCCat). Así, el régimen de participación en las ganancias debe convenirse expresamente pudiéndose pactar antes de celebrarse el matrimonio o durante la vigencia del mismo[36] y limitándose las partes a pactar el régimen acogiendo la regulación legal o desviándose de la misma como veremos posteriormente. Los acuerdos que alcancen los cónyuges, en el momento en que constituyen el régimen matrimonial, alejándose de la regulación legal, deben introducirse en los propios capítulos en los que aquél se pacte. Si los acuerdos se alcanzan con posterioridad al pacto de constitución del régimen de participación y se ciñen

[36] En este segundo supuesto, de hecho, se trata de un cambio de régimen económico-matrimonial implicando extinción y liquidación del anterior que tuvieran los cónyuges. Dicho cambio podría afectar a derechos conferidos por terceros en capítulos matrimoniales, en la medida en que se otorgaron sobre la base de un régimen económico-matrimonial concreto que es, posteriormente, no querido por los cónyuges, de ahí que, los terceros deban, a nuestro modo de ver, intervenir en la modificación de aquéllos (art. 231-23.1 CCCat).

sólo al régimen económico matrimonial, no será necesaria la intervención de todas aquellas personas que hubieran otorgado los capítulos (o de sus herederos) al haber conferido algún derecho (art. 231-23.2 CCCat). Por su parte, el art. 3 CFA admite que los cónyuges o futuros cónyuges puedan acogerse al régimen de participación opcional en dicho instrumento diseñado e, incluso, apartarse de las reglas concernientes a la composición de los patrimonios y determinación de la ganancia. En los Principios europeos respecto de las relaciones patrimoniales entre cónyuges se prevé que si los cónyuges no han establecido nada su régimen económico matrimonial sea el de participación en las ganancias (4:16) o el de comunidad de bienes (4:33).

A la escritura pública de constitución del régimen de participación en las ganancias debe acompañarse un inventario del patrimonio inicial "real" de cada uno de los cónyuges. En este inventario se tiene que indicar los bienes (cosas y derechos), el estado material en que se encuentren, las cargas y las obligaciones. Por tanto, debe indicarse el activo y el pasivo. En este sentido, debemos analizar, previamente, la relevancia jurídica del inventario (1.1.) para, después, centrarnos en su contenido (1.2.).

1.1. Relevancia jurídica del inventario

El art. 232.14 CCCat es el que establece la exigencia referida del inventario que acompaña a la escritura de constitución del régimen de participación. La norma del art. 232-14 CCCat es nueva, si bien, el art. 56.2 CF establecía la posibilidad que tenían los cónyuges de acreditar, mediante cualquier medio de prueba, la titularidad de los bienes que le pertenecían al inicio del régimen haciendo una referencia explícita al inventario sin exigir su aportación como, en cambio, sí hace el art. 232-14 CCCat. Contemplaba, no obstante, una presunción de exactitud del inventario aportado por ambos cónyuges o por uno de ellos con la conformidad del otro; presunción que ha desaparecido en el Libro II CCCat.

La imposición de que se acompañe ("*...se ha de acompañar...*") a la escritura pública de constitución del régimen un inventario no encuentra precedente claro en el derecho comparado. Así, el art. 1570.2 y 3 del CCF sólo advierte que una forma de probar el patrimonio originario es mediante "*un état descriptif*" de los bienes y el § 1377 BGB establece la presunción *iuris tantum* de exactitud del inventario aportado por los cónyuges, así como las consecuencias de no aportarlo, es decir, se presume *iuris tantum*, a modo de sanción, que si no existe inventario, el patrimonio final representa la ganancia obtenida por el cónyuge que no lo aportó y el patrimonio inicial es cero, lo que, en la práctica, conllevará que los cónyuges aporten al inicio del régimen dicho inventario, pues, en caso contrario, tendrán que afirmar y probar que el patrimonio inicial real era superior. En este sentido, la aportación del inventario se correspondería más con una carga que con una obligación[37]. En cambio, la relevancia jurídica de la aportación del inventario dada por el legislador catalán es otra como exponemos seguidamente[38].

En efecto, en relación con el inventario se plantea una primera cuestión que tiene que ver con la relevancia jurídica que se atribuya al inventario, puesto que se impone que acompañe a la escritura pública de constitución del régimen de participación, la cual no es otra que la escritura pública de capítulos matrimoniales (art. 231-19.1 CCCat). El inventario se prevé como obligatorio, por tanto, el notario no debería autorizar la escritura, si en el acto de constitución no se aporta aquél. Así, el inventario se constituye en requisito para poder autorizar la escritura pública; se trata de una *condicio iuris* o presupuesto legal de eficacia de la misma. Mientras no se aporte el inventario no produce los efectos legales que, en nuestro sistema, se le atribuyen a la misma. Esto hará que no se cumpla el requisito de forma necesario para la validez de los capítulos (art. 231-22.1 CCCat) en los que se pacte el régimen de participación, lo que impedirá su entrada en vigor entre los cónyuges o futuros cónyuges[39]. Propiamente, pues, el inventario no es un requisito de constitución del régimen de participación, sino presupuesto de eficacia de la escritura pública en la que se constituya éste. Además, el inventario cumple otra función, cual es la de facilitar a la otra parte información acerca del estado patrimonial propio, de suerte que el consentimiento negocial que emita sea un "*consentimiento informado*". Sería una forma de cumplir con deberes precontractuales de información (art. 1258 CCE, art. 111-7 CCCat). Es una exigencia ésta del inventario que podría haberse configurado como una "carga" para los cónyuges, pero sin incidir en la eficacia de la escritura de constitución del régimen.

Por otro lado, el inventario debe "acompañarse", es decir, no necesariamente ha de formar parte del contenido de la escritura pública, sino que puede aportarse en un documento separado, el cual puede ser un documento privado, que se incorpora a la escritura o se añade como anexo a ella, pero, en todo caso, se requiere "unidad de acto" para que la escritura pública surta sus efectos jurídicos. Además, según el tenor literal del art. 232-14 CCCat, parece que debe acompañarse "un" inventario en el sentido de que se trate de un único inventario en cuya confección han intervenido los dos cónyuges o futuros cónyuges, además de terceros, como peritos, expertos o sociedades de tasación de bienes,

---

37 La norma germana ha pasado al art. 8.4 y 5 CFA.

38 Este inventario es diferente del inventario que exige el art. 808 LEC.

39 Disentimos, pues, de la opinión manifestada al respecto por CASAS VALLÉS, R., "Comentario al art. 232-14 CCCat" en ROCA TRIAS, E. / ORTUÑO MUÑOZ, P., *Persona y familia: Libro II del Código civil de Cataluña*, Las Rozas, Madrid, Sepin, 2011, p. 728.

distribuyéndose, en principio, entre ambos, a partes iguales, los gastos que su elaboración conlleve e indicando cada uno la composición de su patrimonio inicial. Esta intervención de ambos conduce, por un lado, a que cada una de las partes esté informada acerca de los bienes que conforman el patrimonio de cada uno[40] y, por otro lado, a que se esté de acuerdo con la información suministrada (normalmente, aparecerá firmado por ambos cónyuges), lo que no empece, a nuestro entender, a que si medió error, dolo o intimidación en la aceptación del inventario, éste pudiera impugnarse. La norma no establece ninguna presunción de exactitud en este caso y tampoco consideramos que deba entenderse implícita por el mero hecho de que ambos cónyuges pergeñen un único inventario dando su conformidad al mismo. Dar la conformidad con los datos contenidos en un inventario y presunción de exactitud son dos cuestiones diferentes. Esta segunda sólo puede ser establecida por el legislador[41] y no lo ha hecho. En todo caso, el inventario puede ser objeto de modificación o corrección posterior si no se hicieron constar determinados bienes que deberían haber aparecido en él. Las correcciones pueden sobrevenir en la fase de liquidación cuando se ejecutan las operaciones contables necesarias para determinar la ganancia.

Aunque el legislador catalán, en nuestra opinión, piensa en un único inventario, no impide que cada cónyuge elabore el suyo propio, sin intervención del otro, aportándolo a la escritura pública de constitución. En este caso, si el cónyuge que no intervino no hace expresa reserva respecto del contenido (o algún dato) del inventario y pacta la constitución del régimen de participación, debería entenderse, sobre la base de su comportamiento (*facta concludentia*), que está conforme con él. Luego, no cabrá su impugnación posterior (arg. ex art. 111-8 CCCat: "actos propios").

No exige el legislador que el inventario tenga una forma determinada, por tanto, vale el elaborado en un documento privado. En todo caso, debe aportarse por escrito.

1.2. Contenido

En relación con el contenido del inventario, deben reseñarse los bienes que se tengan al inicio del régimen, por tanto, los que componen el patrimonio inicial "originario" que no necesariamente coincidirá con el patrimonio inicial que se determinará al extinguirse el régimen ya que, en ese momento, deberá tenerse en cuenta el patrimonio inicial "sobrevenido" considerado en el art. 232-20.2 CCCat. Respecto de los bienes debe determinarse su estado mate-

---

[40] Se cumpliría con el deber de información que impone el art. 232-13.2 CCCat.

[41] Considera que debe sobreentenderse esta presunción de exactitud, si se ha dado la conformidad al inventario realizado, CASAS VALLÉS, R., "Comentario al art. 232-14 CCCat", p. 728.

rial, el cual, en la práctica, puede hacerse pericialmente (tasación) a costa del cónyuge propietario de los mismos (arg. ex art. 567-1.2 CCCat), indicándose el importe en el que se cifra ese estado inicial[42]. El precepto no exige que se indique el valor en venta del bien, puesto que éste se apreciará en el momento de extinción del régimen (art. 232-20.3 CCCat).

También deben hacerse constar las cargas que existan. Luego, debe tenerse en cuenta no sólo el estado material sino el estado jurídico de los bienes. No indica el precepto si debe constar el valor de las cargas, lo que tiene sentido pues éste se determinará al finalizar el régimen (art. 232-20.3 CCCat).

Finalmente, deben constar las obligaciones, esto es, el pasivo del patrimonio inicial "originario", en cuyo caso, constará la cuantía pecuniaria, que se deba, en ese momento, pero que se valorará cuando se extinga el régimen. El legislador no parece pensar en cualquier clase de obligación (dar, hacer y no hacer, art. 1088 CCE), sino en obligaciones pecuniarias existentes, determinadas o determinables. Si todavía no se han satisfecho los gastos que conllevó la confección del inventario, deberá hacerse constar la obligación en el propio inventario. También deben reseñarse las expectativas de derechos, así, por ejemplo, en caso de haberse contraído una obligación bajo condición suspensiva (art. 1114 CCE) o también el derecho a un fideicomiso (art. 426-5.2 CCCat).

2. FUENTES REGULADORAS DEL RÉGIMEN DE PARTICIPACIÓN. APLICACIÓN SUBSIDIARIA DE LAS NORMAS DEL RÉGIMEN DE SEPARACIÓN DE BIENES

En primer lugar, destacaremos la confusa literalidad del art. 232-13.3 CCCat (2.1.) para, en segundo término, exponer las normas del régimen de separación de bienes que pueden aplicarse al régimen de participación en las ganancias (2.2.).

2.1. El tenor literal del art. 232-13.3 CCCat

Es el pacto la primera fuente normativa del régimen de participación en las ganancias (art. 232-13.3 CCCat). Si los cónyuges se han limitado a convenir el régimen de participación, sin añadir ninguna estipulación específica respecto de aquellos extremos que el legislador ha considerado de carácter dispositivo, y de los que después daremos cuenta, regirá lo previsto por el propio CCCat, esto

[42] Así, en el sector de las tasaciones de bienes inmuebles debe tenerse en cuenta la *Orden ECO/805/2003, de 27 de marzo, sobre normas de valoración de bienes inmuebles y de determinados derechos para ciertas finalidades financieras* (BOE núm. 85, de 9 de abril de 2003).

es, los arts. 232-13 a 232-24. La literalidad del art. 232-13.3 CCCat, precepto que se corresponde con el art. 48.2 CF, se presta a confusión[43]. En efecto, el precepto advierte: "*si no hay pacto y no se puede aplicar esta sección...*". La pregunta que surge inmediatamente es, si no hay pacto, ¿cuándo no se puede aplicar esta sección?. En realidad, si no hay pacto, se aplicará esta sección. El tenor literal del art. 48.2 CF era más acertado cuando advertía que "*este régimen se ha de convenir en capítulos matrimoniales, y se rige, en todo aquello que no se prevea, por las disposiciones de este capítulo...*". De todos modos, en el art. 48.2 CF no era necesaria la referencia a los capítulos matrimoniales pues no había -ni hay actualmente- otra posibilidad de pactar el régimen de participación y la norma general ya se contenía en el art. 10.1 CF. En ese sentido, que el art. 232-13.3 CCCat haya eliminado la referencia a las capitulaciones matrimoniales nos parece un acierto.

Quizá, cabría entender el art. 232-13.2 CCCat como la exclusión, por pacto, de la aplicación de una norma del régimen legal de participación que, en todo caso, debería ser dispositiva, en virtud de la libertad civil (art. 111-6 CCCat) de la que gozan los cónyuges, sin prever una alternativa, lo que provocaría una laguna en la regulación que, permitiría acudir a la tercera fuente normativa del régimen, cual es la regulación del régimen de separación de bienes. Sea lo que fuere, lo cierto es que este régimen se aplica, exista o no pacto de exclusión de una norma, en aquellos aspectos en que el régimen de participación no contenga norma al respecto.

2.2. Normas del régimen de separación de bienes que se aplican en el régimen de participación en las ganancias

¿Qué normas del régimen de separación pueden ser de aplicación en el régimen de participación? Sin duda son la norma del art. 232-3 CCCat en relación con las adquisiciones onerosas realizadas por los cónyuges constante matrimonio, la del art. 232-4 CCCat en lo que concierne a titularidades dudosas y la del art. 232-12 CCCat sobre división de bienes en comunidad proindiviso. Las dos primeras tienen importancia en el momento de determinación de los respectivos patrimonios para, después, poder determinar el crédito de participación. La tercera norma citada sólo procederá cuando el régimen de participación se extinga en caso de separación, divorcio o nulidad o si se trata de obtener la eficacia civil de una resolución eclesiástica (art. 232-12.1 CCCat en relación con el art. 232-16.1 letra a CCCat) pues se puede solicitar la liquidación en el mismo proceso (art. 438.3 4ª LEC). En caso de extinción del régimen de participación por resolución judicial (art. 232-26.2 CCCat) habrá que esperar a

---

[43] CASAS VALLÉS, R., "Comentario al art. 232-13 CCCat", p. 725.

la firmeza de la sentencia (art. 811.1 LEC[44]) para solicitar que se inicie la liquidación y en este proceso podría interesarse la división de bienes ostentados en comunidad proindiviso a través de una acumulación de acciones (art. 71 LEC) siempre que se reúnan los requisitos que el art. 73 LEC establece[45].

La remisión, como fuente subsidiaria, a las normas del régimen de separación plantea el interrogante de si las normas sobre la compensación económica y, concretamente, el art. 232-6 CCCat, que establece las reglas de determinación, son aplicables en la liquidación del régimen de participación en las ganancias. Así, por ejemplo, el art. 232-6.1 letra c CCCat cuando explicita los bienes que se descuentan, para determinar el valor del incremento patrimonial de cada uno de los cónyuges, porque se tenían al inicio del régimen, lo que equivaldría al "patrimonio inicial" en el régimen de participación, considera que sólo se excluye el valor de aquellos bienes que el cónyuge tenía al inicio del régimen y que "conserva en el momento en que se extingue" el régimen. En el régimen de participación el art. 232-20.1 CCCat ha obviado esta mención, aunque se recogía en el art. 56.1 CF. Otro ejemplo vendría representado por el art. 232-6.2 CCCat en el que se establece que las atribuciones patrimoniales que un cónyuge realiza a otro durante la vigencia del régimen se imputan a la compensación por el valor que tenían en el momento de la extinción. Se refiere, pues, el precepto a atribuciones patrimoniales gratuitas *inter vivos*. La norma en relación con las atribuciones *mortis causa* es la contenida en el art. 232-5.5 CCCat. Estas normas, sin embargo, son inexistentes en la regulación del régimen de participación. En cambio, en el derecho alemán, que se ha tenido en cuenta por el legislador catalán, la norma que establece la imputación de esas atribuciones al pago del crédito de participación, sí existe (§ 1380 I BGB)[46].

---

44 La disposición adicional 3ª 2º inciso del Libro II CCCat establece que se tiene que seguir, para la liquidación del régimen económico matrimonial, el proceso regulado en los arts. 806 a 811 LEC. Entre las diferentes secciones de las Audiencias provinciales en Cataluña ha habido tradicionalmente desacuerdo acerca de las normas procesales a aplicar en caso de liquidación del régimen matrimonial, sobre todo, en el de separación de bienes, a raíz de la introducción de la compensación económica por razón de trabajo (García González, J. A., *La liquidació del règim econòmic de separació de béns de Catalunya. Aspectes civils i processals: compensació patrimonial, inventari i liquidació*, Barcelona, Atelier, 2004, pp. 74 ss; Roca i Trias, E., "La liquidació del règim de separació de béns a Catalunya", *RJC*, núm. 3, 2008, pp. 651-670). La cuestión se suscitaba porque los arts. 806 a 810 LEC se aplican a regímenes económicos matrimoniales que tienen una masa común de bienes, que no es el caso del régimen de participación. Para éste se aplica específicamente el art. 811 LEC. *¿Cómo se interpreta la remisión genérica que hace la disposición adicional citada a los arts. 806 a 811 LEC en el caso que nos ocupa*? Cabría dos opciones: primera, entender que se aplican todos los preceptos y, por tanto, debe solicitarse un nuevo inventario de parte del patrimonio inicial, esto es, el "real" (art. 808 LEC) con lo cual el constituido a la hora de pactar el régimen tendría valor de prueba documental (inciso final del art. 808 LEC) o, segunda, en nuestra opinión que es la más acertada, entender que el único precepto que se aplica es el del art. 811 LEC y los otros restan para el régimen de comunidad de bienes.

45 En punto a esta cuestión debemos remitirnos a la "práctica de la liquidación" (epígrafe V.4).

46 Vid. epígrafe VI, 2.3.

Así, de *lege lata* se podría plantear, en virtud de la aplicación supletoria de las normas del régimen de separación de bienes, que los arts. 232-5.5 y 232-6.2 CCCat fueran de aplicación en el régimen de participación.

De todos modos, contestar al interrogante planteado supone, con carácter previo, analizar otra cuestión. En efecto, el art. 48.2 CF, cuando establecía que las normas del régimen de separación se aplicaban subsidiariamente al régimen de participación, añadía "*durante su vigencia*", lo que abocaba a una doble interpretación[47]. La primera entendía que sólo se aplicaban las normas del régimen de separación hasta la extinción del régimen de participación, es decir, durante la fase de separación de patrimonios existente dentro del propio régimen de participación. Con la liquidación se aplicarían sólo las normas del régimen de participación. Esta interpretación refería la vigencia al régimen de separación. Sin embargo, ésta abocaba a que no se pudieran aplicar las normas del propio CF sobre adquisiciones onerosas y titularidades dudosas respecto de la atribución de bienes a un patrimonio concreto, aspectos éstos que se suelen presentar en el momento de la liquidación del régimen de separación, por lo que, en la liquidación, se aplicaba sólo las normas del régimen de participación, en el cual no se contemplan las referidas presunciones.

Una interpretación más amplia consideraba que "*durante su vigencia*" no se refería a la vigencia de la separación de bienes dentro del régimen de participación, sino a este mismo régimen, esto es, mientras esté vigente el régimen de participación se aplican las normas del de separación.

Ahora bien, el art. 232-13.3 CCCat ha suprimido este inciso "*durante su vigencia*", probablemente, para evitar dudas acerca de la más correcta interpretación del precepto. Con la supresión del mismo, el legislador se habría decantado por la interpretación amplia expuesta. Si esto es así, parece que, en una primera aproximación, podríamos afirmar que la regulación de la determinación de la compensación económica por razón de trabajo podría aplicarse subsidiariamente a la determinación del crédito de participación en aquello no previsto en el régimen de participación. Quedaría, de todas formas, pasar el "*test de la naturaleza específica*" de la institución[48]. Es decir, se aplicarían las normas de la determinación de la compensación siempre que lo permitiera la naturaleza específica del régimen de participación. Sabido es que el régimen

---

47 Casas Vallés, R. "Comentari a l'art. 48 CF" en Egea i Fernández, J. / Ferrer i Riba, J. *Comentaris al Codi de família, a la llei d'unions estables de parella i a la llei de situacions convivencials d'ajuda mútua*, Tecnos, Madrid, 2000, p. 282.

48 La aplicación de las normas de un régimen matrimonial supletoriamente "en la medida en que lo permita la naturaleza específica" de otro se hace en el régimen local de "*associació a compres i millores*" (art. 232-25.2 CCCat) y en el "*agermanament o pacte de mig per mig*" (art. 232-28.2 CCCat). Una expresión legal que guarda similitud con la mencionada es "*en aquello que sea compatible*" (arg. art. 563-1 CCCat).

de separación de bienes, en su origen, ha sido un régimen no proclive a la solidaridad conyugal, aunque paulatinamente, se fue introduciendo ésta por el legislador, habida cuenta de la realidad social, en la que sí existía cierta solidaridad entre los cónyuges cuando, por ejemplo, uno de ellos se dedicaba a la casa o a los negocios del otro cónyuge y respecto de la vivienda familiar, adquirida con fondos privativos del cónyuge que trabajaba fuera del hogar, se establecía, por los propios cónyuges una comunidad ordinaria pro indiviso. Esta solidaridad conyugal aparece reflejada legalmente, en 1993, cuando se introduce en el art. 23 CDCC la primera regulación de la compensación económica[49]. En el CCCat la regulación de la compensación económica parte de un grado de solidaridad conyugal ciertamente mayor al que, en su momento, se contempló por el legislador, si bien esta solidaridad parte de un presupuesto concreto, la "sustancial" mayor dedicación de un cónyuge a la casa o a los negocios del otro. En cambio, en el régimen de participación en las ganancias, esta solidaridad conyugal se da desde su inicio, abstracción hecha de la mayor o menor dedicación de los cónyuges a la casa o a los negocios del otro. Así pues, hay que tener presente que ambos sistemas, partiendo de presupuestos diferentes, tienden, como finalidad, a compensar, aunque en diferente grado, la solidaridad que durante la vigencia del matrimonio, se ha manifestado por los cónyuges. Por otro lado, las reglas de determinación de la compensación económica son las propias del régimen de participación en las ganancias en la regulación dada por la CDCC. Todo ello podría hacer pensar que el test de la naturaleza específica de una institución, en este caso de la compensación económica, no se opondría a la aplicación de las normas sobre a la determinación de ésta a la determinación del régimen de participación[50].

Este planteamiento puede hacerse a la inversa, esto es, si las normas de determinación del crédito de participación pueden aplicarse a la determinación de la compensación. En este sentido, el art. 232-6 CCCat no contiene ninguna norma específica en torno al momento de valoración y estado de los bienes que formarían el equivalente al "patrimonio inicial" del régimen de participación, ¿pueden, entonces, aplicarse la norma del art. 232-20.3 CCCat, si los cónyuges no han pactado nada al respecto, pacto que debería establecerse en capítulos matrimoniales? En este caso, el recurso a la aplicación subsidiaria del régimen de participación a la compensación económica por razón de trabajo no es posible puesto que no hay norma específica que lo prevea[51]. Luego, hay que recurrir a otro mecanismo jurídico. Éste podría ser la aplicación

[49] Como se conoce es la Ley 8/1993, de 30 de septiembre, de modificación de la compilación en materia de relaciones patrimoniales entre cónyuges, la que lo hace.

[50] Vid. sobre el pago del crédito por imputación el epígrafe VI, 2.3.

[51] Por eso, no se puede afirmar sin más la aplicación indistinta de las normas de la compensación económica a las normas del régimen de participación y a la inversa como hace Nasarre Aznar, S. en "La compensación por razón del trabajo", p. 272.

analógica (art. 4.1 CCE). Entre ambas instituciones existe "*identidad de razón*": compensación de una determinada solidaridad conyugal durante la vigencia del matrimonio. Por otro lado, aunque el grado de solidaridad, en principio, es mayor en el régimen de participación también es cierto que los cónyuges, pueden modificar, a la baja, el porcentaje de su participación en la ganancia obtenida por el otro haciendo que se acerque a la cuarta parte establecida en el art. 232-5.4 CCCat para la compensación o, inversamente, que las partes, modifiquen esta cuarta parte incrementándola (art. 232-7 CCCat) acercándose a la solidaridad propia del régimen de participación. Además, hay que tener en cuenta que la norma que incide en la contabilización o no de plusvalías de los bienes contenida en el régimen de participación en relación con el patrimonio inicial, esto es, la norma del momento de valoración del estado de los bienes (art. 232-20.3 CCCat) es una norma que conlleva que los cónyuges no participen en determinados aumentos de valor de los bienes[52], lo que, en parte, desdice ese mayor grado de solidaridad conyugal que parece estar presente en el régimen de participación y que, en cambio, se correspondería más con el régimen de separación de bienes. En este sentido, se podría plantear que, por mor de la analogía *legis*, la regla de valoración de bienes del patrimonio inicial en el régimen de participación se podría aplicar a la compensación económica, siempre que no existiera regla específica al respecto estipulada por los cónyuges (art. 111-6 CCCat)[53].

"*Durante la vigencia del régimen*" es una expresión que también emplean los arts. 232-19.2 letras a y b y 232-24.1 CCCat. El primer precepto cuenta como patrimonio final ficticio el valor de determinados bienes de los cuales se haya dispuesto a título gratuito o a título oneroso "*durante la vigencia del régimen*" y el art. 232-24.1 CCCat que establece la posibilidad que tiene el cónyuge acreedor de impugnar los actos celebrados por el deudor a título gratuito u oneroso en perjuicio o en fraude de su derecho "*durante la vigencia del régimen*" hasta su liquidación, si no quedan bienes en el patrimonio de aquél suficientes para satisfacer el derecho de crédito de participación[54]. De este modo, "durante toda la vigencia del régimen" se debe interpretar durante la vigencia del régimen de participación hasta su extinción. Si subsistiera el matrimonio, tras la extinción del régimen de participación, regiría el régimen de separación, salvo que las partes hubieran pactado otro diferente (art. 231-10.2 CCCat, § 1388 BGB).

---

[52] Vid. los cuadros ejemplificativos que presentamos en el epígrafe V, 2.2.2.

[53] Sin embargo, vid. lo que advertimos posteriormente al respecto.

[54] El estudio detenido de los arts. 232-19 y 232-24 CCCat se hace más adelante.

3. PACTOS MODIFICATIVOS DEL RÉGIMEN LEGAL DE PARTICIPACIÓN

Como ya hemos indicado la primera fuente reguladora del régimen de participación es el pacto (art. 232-13.3 CCCat), no sólo porque es un régimen matrimonial que, al no ser el legal supletorio, debe convenirse entre los cónyuges (art. 231-10.1 CCCat), sino porque se pueden introducir desviaciones respecto de ese régimen legal, siempre que se refieran a aspectos que el legislador ha regulado con carácter dispositivo (3.2.), aspecto éste reconocido en el Principio 4:29 en relación con las relaciones patrimoniales entre cónyuges. Además, debemos tener en cuenta la sanción prevista por el legislador cuando se conculcan los límites legales imperativos (3.3.). Antes hay que plantearse, sin embargo, la "reciprocidad" como límite a la autonomía de la voluntad de los cónyuges (3.1.).

3.1. Autonomía de la voluntad de los cónyuges y reciprocidad

En el derecho catalán de la familia, sobre todo en la esfera patrimonial, los cónyuges están facultados para, en virtud de su autonomía de la voluntad, establecer límites, restricciones o exclusiones en el conjunto de derechos y deberes que el legislador, en las diferentes instituciones, les atribuye (arg. ex art. 531-16.3 CCCat)[55]. No sólo en las disposiciones generales aplicables a cualquier matrimonio es evidente esta libertad, sino también en sede de los regímenes matrimoniales específicos. Como botón de muestra, respecto de las primeras, el art. 231-6.1 permite que los cónyuges pacten la manera en que contribuirán a la satisfacción de los gastos familiares. En relación con los segundos, ya hemos destacado cómo los cónyuges por pacto pueden establecer las modificaciones que tengan a bien introducir para la satisfacción de sus propios intereses (art. 232-13.3 CCCat). Estos posibles cambios pueden tener lugar al inicio del régimen, cuando se pactó el mismo, con posterioridad, una vez iniciado éste o, según el tipo de pacto, puede tratarse de un pacto en previsión de una ruptura futura[56]. En este último caso, los pactos de renuncia, exclusión o limitación

---

[55] Téngase presente que un precepto similar al art. 1328 CCE no existe en el derecho catalán; si bien contempla la igualdad en sede de derechos y deberes conyugales (art. 231-2.2 CCCat) y la dirección común de la familia (art. 231-4.1 CCCat), lo que no significa reparto idéntico de las funciones de gestión en el seno de la pareja [Gómez Pomar, F., "Comentari a l'art. 3 CF" en Egea Fernández, J. / Ferrer Riba, J. (dirs.), *Comentaris al Codi de família, a la llei d'unions estables de parella i a la llei de situacions convivencials d'ajuda mútua*, Tecnos, Madrid, 2000, p. 81]. Respecto de las consecuencias patrimoniales de la relación personal, el legislador exige, en determinados casos, la reciprocidad y, en algún supuesto concreto, además, la igualdad.

[56] Los límites a la autonomía de la voluntad en relación con los pactos matrimoniales, en Europa, puede verse en Dethloff, N., "Contracting in Family Law: A European Perspective" en Boele-Woelki, K. / Miles, J. / Scherpe, J. M., (eds.), *The Future of Family Property in Europe*, V.

de derechos deben, según el art. 231-20.3 CCCat, tener carácter "recíproco". La "reciprocidad" es un límite que se exige también en el art. 232-15 CCCat cuando se pacte la atribución de una participación diferente a la mitad en las ganancias que haya obtenido cualquiera de los cónyuges.

Sobre la base de que el derecho catalán no se opone a que los cónyuges distribuyan entre sí de forma desigual sus derechos y deberes[57], cabe plantearse qué significado debe atribuirse a la exigencia de "reciprocidad". Reciprocidad no es sinónimo de igualdad, sino de equilibrio ("mayor reciprocidad de intereses" ex art. 1289.1 *i. f.* CCE), en el sentido de que cada posible autolimitación de un cónyuge respecto a un determinado derecho implique una contrapartida, es decir, alguna ventaja para él[58] y, en ese sentido, supondría, en determinados casos, un límite al ejercicio de la autonomía por parte de los cónyuges. Contrapartida que no tiene porqué ser de carácter material, sino que puede ser en especie. Si, por el contrario, el legislador, además de la reciprocidad, exige la igualdad, lo advierte de modo expreso, como hace en el art. 232-15.1 CCCat al que nos referiremos de modo expreso.

De otra parte, hay que poner de relieve que el legislador catalán sólo exige la reciprocidad y, en su caso, la igualdad en relación con supuestos específicos. Esto quiere decir que pueden darse otros acuerdos de los cónyuges en los que limitan, excluyen o renuncian a determinados derechos en los que no debe necesariamente observarse la mencionada reciprocidad. Así, si, por ejemplo, un pacto no se hace en previsión de una ruptura futura, no tendría por qué la ventaja conferida a un cónyuge conllevar necesariamente una contrapartida para el otro endureciendo las consecuencias económicas en beneficio de sólo uno de los cónyuges, puesto que, en estos casos, bastaría con las normas generales sobre los vicios de la voluntad (art. 1265 CCE)[59] o, si se diera una alteración

29, Intersentia, Cambridge / Antwerp / Portland, 2011, pp. 90 ss. Desde una perspectiva comparada, vid. Scherpe, J. M., "Marital Agreements and Private Autonomy in Comparative Perspective" en Scherpe, J. M., *Marital Agreements and Private Autonomy in Comparative Perspective*, Hart Publishing, Oxford / Portland, 2012, pp. 514-518.

57 Así, el art. 232-7 CCCat permite que el cónyuge renuncia anticipadamente a la compensación económica que por razón de trabajo le pudiera corresponder, o el art. 233-16 CCCat a la prestación compensatoria o el art. 233-21.3 CCCat que se pacte lo que se tenga por conveniente en relación con la distribución o atribución del uso de la vivienda familiar o posibles modalidades de uso de la misma. Ahora bien, en estos dos últimos casos, el pacto solo será eficaz si consta en un convenio regulador; en caso de no ser así sólo lo será en la medida en que no comprometa las necesidades básicas del cónyuge renunciante y, en el supuesto de la vivienda familiar, que el pacto no sea contrario o perjudique el interés de los hijos.

58 En este sentido, Marco Molina, J. "Los capítulos matrimoniales" en Yzquierdo Tolsada, M. / Cuena Casas, M., *Tratado de derecho de la familia*, V. VII, La familia en los distintos derechos forales, Aranzadi, Thomson Reuters, 1ª ed., Cizur Menor, 2011, p. 204.

59 Para el derecho catalán, recordando la STSJC de 19 de julio de 2004 (RAJ 2004, 5534), vid. Marco Molina, J., "Los capítulos matrimoniales", p. 205. Desde una perspectiva más europea, debe citarse a Dethloff, N., "Contracting in Family Law", p. 77.

sustancial y sobrevenida de las circunstancias que se tuvieron en cuenta a la hora de celebrar el pacto[60], solicitar judicialmente su modificación o resolución, siempre que se dieran los requisitos que, en nuestro sistema, exige la jurisprudencia del TS[61], salvo que las partes se avinieran a una renegociación de las estipulaciones originariamente sentadas. En este caso, el derecho estaría protegiendo al cónyuge de su propia decisión autónoma.

No debe olvidarse que el consentimiento negocial, tanto en caso de pacto en previsión de una ruptura futura (art. 231-20.2 CCCat) como en el caso de pacto acerca de que el matrimonio se rija por la participación en las ganancias, en la medida en que el art. 232-14 CCCat exige la aportación de un inventario es, como hemos afirmado, un "*consentimiento informado*". De hecho, como posteriormente veremos, el art. 232-13.2 CCCat establece un deber recíproco de información que tampoco supone que la información que se faciliten las partes tenga que ser exactamente la misma, sino que exista un equilibrio entre las aportadas por cada una de las partes, de suerte que les permita conocer o tener la posibilidad de conocer el alcance de la gestión patrimonial. Así, cabría la posibilidad de información asimétrica entre las partes.

3.2. Aspectos del régimen de participación que revisten alcance dispositivo

Nosotros trataremos de los pactos acerca del porcentaje de la participación (3.2.1.), de los que conciernen con las causas de extinción del régimen (3.2.2.), con la base de la determinación del crédito de participación (3.2.3.) y con los que tienen que ver con éste último (3.2.4.).

---

60 El art. 231-20.5 CCCat estatuye la ineficacia de aquellos pactos gravemente perjudiciales para un cónyuge si se acredita que hubo una alteración de las circunstancias de carácter sobrevenido que no se previó ni razonablemente se podía prever en el momento en que el pacto en previsión de una ruptura matrimonial se celebró. La alteración sobrevenida de las circunstancias también permite solicitar la modificación de medidas definitivas acordadas ya sea judicialmente o mediante convenio regulador homologado y aprobado (art. 233-7 CCCat). Este supuesto debe diferenciarse de aquél en que los pactos sean perjudiciales para el interés de los menores, lo que no siempre y necesariamente ha de implicar alteración sobrevenida y excepcional de las circunstancias. Se trata simplemente de la forma en que ese menor ha ido desarrollando su personalidad dentro de la evolución normal de la vida.

61 Considera aplicable la alteración de circunstancias al matrimonio, Salvador Coderch, P., "Alteración de circunstancias en el art. 1213 de la Propuesta de Modernización del Código civil en materia de Obligaciones y Contratos", *Indret* 4/2009, nota a pie de página n. 11. Asimismo, vid. Dethloff, N., "Contracting in Family Law", p. 78. Vid. el Principio europeo 4:32 que establece que, en casos excepcionales de *hardship*, la autoridad judicial competente puede ajustar la participación o dejar de lado o modificar un acuerdo de las partes.

3.2.1. Pactos acerca del porcentaje de la participación

Puede pactarse una participación diferente a la prevista por el legislador, que es la participación en la mitad de las ganancias, lo que viene corroborado por el art. 232-21 CCCat que, cuando regula la determinación del crédito de participación, empieza anunciando "*si no hay pacto*". Luego, cabe un pacto diferente a la mitad. El art. 232-21 CCCat debe ponerse en relación con el art. 232-15 CCCat, el cual lleva por rúbrica "*pactos sobre el alcance de la participación en las ganancias*" y, si bien permite dichos acuerdos, establece límites, como ya hemos explicitado, a la autonomía de los particulares. En efecto, los cónyuges o futuros cónyuges pueden pactar una participación desigual a la mitad pero el acuerdo sólo es válido si se establece "*con carácter recíproco e igual a favor de cualquiera de los cónyuges*" (art. 232-15.1 CCCat)[62]. Luego, no sólo se exige reciprocidad sino también igualdad. Parece que el legislador catalán piensa, en esta norma, en pactos que afectan tan sólo al porcentaje de la participación, a pesar de que el ámbito de aplicación de la autonomía de la voluntad, en el régimen de participación, puede ser mayor.

De acuerdo con lo expuesto en el epígrafe anterior, el pacto acerca del porcentaje de participación además de representar determinadas contrapartidas para los cónyuges ("reciprocidad"), esas contrapartidas deben ser "iguales" en el sentido de simétricas. Así, si se estipula un porcentaje diferente a la mitad éste tiene que ser el mismo para ambos cónyuges. En este sentido, un pacto en virtud del cual se establezca una participación en las ganancias del 30 % para cualquiera de los cónyuges sería un pacto válido al respetar la reciprocidad y la igualdad. En cambio, un pacto en el que se prevea que un cónyuge participe en las ganancias obtenidas por el otro en un 75 % y éste lo haga sólo en el 25 % sería un pacto, aunque recíproco, desigual y, consiguientemente, no válido[63]. En este sentido, el legislador catalán no ha seguido lo establecido en el art. 1581.2 CCF en el que se permite expresamente un pacto desigual de participación en las ganancias. Tampoco impedirían un pacto desigual tanto el art. 216 CCS como el § 1378 I BGB. De hecho, respecto de este último sistema jurídico, el BGH en sentencia de 11 de febrero de 2004, estableció que la *Zugewinnaus-*

---

[62] El art. 232-15 CCCat se corresponde con el art. 50 CF y el art. 51 CDCC.

[63] En la misma dirección para el CCE, vid. MORALES MORENO, A. M. "Comentario al art. 1429 CC", p. 1886; ALGARRA PRATS, E., *El régimen económico-matrimonial de participación*, La Ley, Madrid, 2000, p. 256. En cambio, desde un plano teórico admitiría esta desigualdad con base en el tenor literal del precepto catalán que alude a "cualquiera de los cónyuges" y no a "ambos cónyuges" como hace el art. 1429 CCE, MIRALLES GONZÁLEZ, I., "Comentari a l'art. 50 CDCC" en CASANOVAS I MUSSONS, A. / EGEA I FERNÁNDEZ, J. / GETE-ALONSO Y CALERA, Mª. DEL C. / MIRAMBELL I ABANCÓ, A., *Comentari a la modificació de la Compilació en materia de relacions patrimonials entre cònjuges*, Generalitat de Catalunya, Departament de Justícia, Barcelona, 1995, p. 251.

gleich no pertenece a los elementos esenciales del régimen matrimonial y, por tanto, puede ser alterada por voluntad de los cónyuges[64]. Otra cuestión es el margen que el legislador pueda atribuir al juez para desigualar[65], atendidas las circunstancias, cuando uno de los cónyuges contribuyó a obtener todas o casi todas las ganancias[66].

De todas formas, podría imaginarse un pacto recíproco e igual en relación con el porcentaje de participación que fuera ínfimo, por ejemplo, el 1 o el 2 %. En este caso, el régimen de participación se acercaría mucho al de separación de bienes. Incluso podría conllevar una menor solidaridad conyugal si, de haberse optado por éste último, no se hubiera renunciado a la compensación económica por razón de trabajo. Ahora bien, en la medida en que el legislador permite la renuncia a la compensación económica (art. 232-7 CCCat) con lo cual el régimen de separación de bienes representaría una separación absoluta y, por otro lado, no ha establecido ningún límite mínimo, en cuanto al porcentaje, que no puedan sobrepasar los cónyuges, parece que un pacto en relación al porcentaje como el que hemos mencionado, sería válido. Todo dependerá de la consideración que les merezca a las partes la solidaridad conyugal manifestada durante el matrimonio.

Por otro lado, nada impediría pactar porcentajes de participación diferentes en función de la causa que diera lugar a la extinción del régimen siempre que fueran recíprocos e iguales. Así, por ejemplo, un porcentaje del 20 % si la extinción obedece a divorcio o un 30 % si obedece a cambio de régimen matrimonial. El inconveniente que presenta este tipo de estipulaciones es el hecho de que pueden incentivar comportamientos oportunistas de los cónyuges que se compadecen mal con la solidaridad conyugal presente en el régimen de participación.

El requisito de la reciprocidad e igualdad aparece ceñido, por el propio legislador, como hemos significado pero conviene insistir en ello, al pacto relativo al porcentaje de participación, lo que implica que no se aplique a otro tipo de pactos que pueden establecer las partes, en virtud de los cuales favorezcan a una de ellas en concreto, salvo que el pacto se haga en previsión de una ruptura

---

64 Así lo indica, Schwab, D., *Familienrecht*, pp. 148-149.

65 Se crearía así un sistema similar al de la *ancillary relief* del derecho inglés y galés, vid. al respecto Scherpe. J. M., "Englische Familienrecht: Miller und McFarlane – das House of Lords entscheidet erneut über Güteraufteilung nach Ehescheidung", *FamRZ*, 2006, Heft n. 53, II, pp. 1314-1316. Ciertas facultades atribuidas al juez, en la liquidación del régimen de separación de bienes, para formar lotes y adjudicarlos, siempre que se solicite, eso sí, a instancia de parte, aparecen en el art. 232-12.2 CCCat.

66 Dethloff, N. "Contracting in Family Law", pp. 70-72; Scherpe, J. M., "Los acuerdos matrimoniales en Inglaterra y Gales tras *Radmacher* v. *Granatino*", *Indret*, abril, 2012; Steenhoff, G., "A Matrimonial Property System for the EU?", pp. 77-78.

futura, en cuyo caso, a tenor del art. 231-20.3 CCCat, debe revestir carácter recíproco; aunque no igual.

3.2.2. Pactos en relación con las causas de extinción del régimen

En relación con las causas de extinción del régimen de participación (art. 232-16 CCCat), a nuestro entender, éstas revisten carácter imperativo, por lo que las partes no pueden pactar causas de extinción diferentes de las previstas, ni establecer acuerdos que excluyan algunas de ellas. En este sentido, no podrían establecer que determinadas circunstancias personales o patrimoniales dan lugar a la extinción del régimen y otras no (art. 232-16.2 letra c CCCat). Sería pensable, al menos hipotéticamente, que las partes establecieran una estipulación acerca del cumplimiento de determinadas cláusulas penales cuando acaecieran determinadas causas de extinción del régimen; por ejemplo, podría determinarse, en un pacto en previsión de una ruptura futura, que cualquier cónyuge o uno de ellos en concreto, que solicitara el divorcio o la separación judicial, debido a una situación de infidelidad del otro, tenga derecho a exigir el cumplimiento de una cláusula penal (art. 1152 CCE)[67], además, en su caso, del crédito de participación en el caso en que hubiera ganancias en el porcentaje que se estipulara. Este pacto, en la medida en que se hace en previsión de una ruptura futura, deberá ser "recíproco" (art. 231-20.3 CCCat).

3.2.3. Pactos concernientes a la base de determinación del crédito de participación

Los arts. 232-19 y 20 CCCat establecen las reglas para determinar la composición del patrimonio final e inicial respectivamente. Éstas pueden alterarse en virtud de acuerdo de los cónyuges[68]. Así, se podrían excluir determinados bienes del patrimonio final o inicial (o de ambos) a efectos de calcular el valor del incremento patrimonial (v. gr. los bienes de uso personal o profesional, o determinados bienes que provienen de una determinada rama familiar, o determinadas rentas que producen los bienes o excluir el importe de determinadas pensiones que se reciben, etc…), como se contempla expresamente en

[67] Respecto de la validez de estas cláusulas en el contexto matrimonial, vid. SERRANO DE NICOLÁS, A., "Los pactos en previsión de una ruptura matrimonial en el Código civil de Cataluña" en BARRADA, R. / GARRIDO, M. / NASARRE, S., *El nuevo derecho de la persona y de la familia*, Bosch, Barcelona, 2011, pp. 337 ss. Con anterioridad, vid. MARÍN GARCÍA DE LEONARDO, T., *Los acuerdos de los cónyuges en la pensión por separación o divorcio*, Tirant Lo Blanch, Valencia, 1995, pp. 16-22.

[68] En el mismo sentido para el art. 50 CDCC, vid. MIRALLES GONZÁLEZ, I., "Comentari a l'art. 50 CDCC", p. 251.

el art. 199 CCS[69], o incluir determinados bienes (v. gr. todas las donaciones sean consentidas o no) o incluso variar las reglas en relación con el estado material y momento de valoración de los bienes a efectos de participación en las plusvalías o minusvalías (v. gr. que el momento para valorar los bienes que conforman el patrimonio final real sea el de la liquidación y no el de la extinción del régimen ya que no tienen porqué coincidir ambos momentos, o que el momento para valorar los bienes que componen el patrimonio inicial real sea el del inicio del régimen y no el de la extinción). Las partes podrían excluir la necesidad de consentimiento del cónyuge a las donaciones que realizara el otro (art. 232-19.2 letra a CCCat), con lo cual, aquél estaría renunciando a que se consignaran determinados bienes en el patrimonio final y, en consecuencia, estaría renunciando a una parte de las ganancias.

El propio art. 232-20.1, inciso final CCCat considera que si el patrimonio inicial arroja como resultado un saldo negativo debe consignarse éste, salvo disposición diferente de las partes. Por tanto, éstas podrían convenir que se consignara cero en lugar de ese saldo. Las consecuencias derivadas del establecimiento de uno u otro (saldo negativo o cero) las veremos en el lugar oportuno[70].

3.2.4. Pactos sobre el derecho de crédito a participar en las ganancias

En relación con el derecho de crédito a participar en las ganancias, el art. 232-22.1 CCCat, que regula la forma de pago del mismo, admite que las partes acuerden que el crédito se satisfaga en bienes en vez de en dinero. Asimismo pueden acordar los bienes concretos con los que se satisfará.

Respecto del crédito de participación pueden plantearse otras cuestiones. Así, por ejemplo, la renuncia al mismo. No cabe duda de que el cónyuge acreedor puede renunciar al crédito una vez éste ha nacido. Dicha renuncia es válida, aunque no podrá oponerse a terceros (esencialmente, acreedores) si resultan perjudicados (art. 111-6 CCCat). Pero también cabe plantearse -al menos, en hipótesis- la renuncia a participar en las ganancias, en el momento de constitución del régimen, por parte de cualquiera de los cónyuges que resultara acreedor del incremento patrimonial. En este caso, la renuncia lo es a un derecho de crédito (el de participación) que todavía no ha nacido. Por tanto,

---

[69] Deschenaux, H. / Steinauer, P.-H. / Baddeley, M., *Les effets du mariage*, pp. 421 ss. También son posibles estos pactos tanto en el derecho alemán (Schwab, D., *Familienrecht*, p. 148) como en el derecho francés (Albarian, A. "Les régimes matrimoniaux en droit français – Aspects de droit civil et de droit fiscal", p. 128). Para el derecho del CCE, vid. Ballester Giner, E., "El régimen de participación en el derecho español", *RCDI*, 1990, p. 1391.

[70] Vid. epígrafe V.

los efectos de la renuncia quedarían condicionados suspensivamente (art. 1114 CCE) al nacimiento del objeto de la renuncia que es el crédito de participación. Si esa renuncia se hiciera en un pacto prematrimonial para el caso de una futura ruptura, sería válida si se respetara el principio de reciprocidad antes visto. Sin embargo, este pacto, como explicamos después, desnaturaliza el régimen.

Otra hipótesis sería la participación en las ganancias sólo si se dan determinadas causas de extinción del régimen, lo que implícitamente excluiría la participación si se dieran otras. Esta exclusión supondría, como en el caso anterior, la renuncia al derecho de crédito de participación futuro. También, en este caso, se trata de una renuncia cuyos efectos se hayan condicionados suspensivamente. Este sería el supuesto del art. 1581.2 CCF, según el cual las partes convienen que el cónyuge sobreviviente absorba todas las ganancias, las propias, si existen, y las del premuerto, si las obtuvo. De nuevo, aparece la renuncia a un derecho de crédito futuro.

En estos casos (y otros similares que pudieran concebirse) la cuestión a dilucidar no tiene que ver con el porcentaje de participación y si es recíproco e igual[71]. El art. 232-25.1 CCCat exige reciprocidad e igualdad en el caso de que ninguno de los cónyuges haya renunciado al derecho de crédito a participar en las ganancias obtenidas por el otro. Si uno de ellos renuncia, lo que puede hacer en el ejercicio de su autonomía, ya no se está en el supuesto de hecho previsto por la norma. Luego, no se trata de determinar el alcance del porcentaje sino de la renuncia a un derecho de crédito futuro que, entendemos, posible al amparo del art. 111-6 CCCat.

De todas formas, si los cónyuges renuncian recíprocamente a participar en las ganancias obtenidas por el otro, en el momento de constitución del régimen, el pacto aunque no sea en previsión de una ruptura futura, en realidad, desnaturaliza el régimen de participación y lo convierte en un régimen de separación de bienes, por lo que hay que entender que las partes querían éste último como régimen matrimonial siendo las normas de éste las que serán de aplicación. Dicho con otras palabras, aunque cabe una renuncia anticipada a participar recíprocamente en las eventuales ganancias que obtengan cada uno de ellos, no tiene demasiado sentido hacerlo pues se trataría de un pacto en el que no se quiere el régimen de participación.

---

71 Lo plantea en estos términos, CASAS VALLÉS, R. al fijarse en la literalidad del art. 1581.2 CCF ("Comentario al art. 232-15 CCCat" en ROCA TRIAS, E. / ORTUÑO MUÑOZ, P., *Persona y familia: Libro II del Código civil de Cataluña*, Las Rozas, Madrid, Sepin, 2011, p. 732). Con anterioridad a él, vid. MIRALLES GONZÁLEZ, I., "Comentari a l'art. 50 CDCC", p. 252. Para el art. 1429 CCE, negando tal posibilidad, MORALES MORENO, A. M. "Comentario al art. 1429 CC", p. 1886.

3.3. Consecuencias legales de la conculcación de los límites legales imperativos

El único precepto que recoge las consecuencias jurídicas cuando los cónyuges en sus acuerdos traspasan los límites legales imperativos es el art. 232-15.2 CCCat, el cual tiene que ver, como se sabe, con los pactos que conciernen al alcance de la participación en las ganancias, concretamente, como hemos visto, con el porcentaje que tiene que ser "recíproco e igual a favor de cualquiera de los cónyuges". La consecuencia de que el pacto no sea igual o no sea recíproco implica la invalidez del mismo sustituyéndose por la norma de la participación en la mitad de las ganancias. Así, en principio, la invalidez implica nulidad parcial de la estipulación manteniéndose el régimen y otros posibles pactos de los cónyuges[72]. No obstante, si de la interpretación de la voluntad de las partes resultara que no querían el régimen de participación sin ese acuerdo concreto acerca del porcentaje, debería considerarse la invalidez del pacto mismo de constitución del régimen, con la consiguiente ineficacia de los capítulos matrimoniales respecto del régimen económico matrimonial, conservando su validez respecto del resto de estipulaciones, salvo que también guardaran una relación causal con el régimen matrimonial de suerte que, siendo ineficaz éste, también resultaran ineficaces aquéllas. En estos casos, el matrimonio tendría como régimen matrimonial el de separación de bienes (art. 231-10 CCCat).

El mismo efecto debe observarse en caso de que se tratara de otro pacto diferente al del porcentaje de participación en las ganancias. Si, por ejemplo, se declarara su nulidad por haberse impugnado el mismo con base en la concurrencia de un vicio del consentimiento, debería declararse la nulidad parcial de la estipulación sin que afectara al resto del régimen, salvo que las partes hubieran contemplado los diferentes acuerdos de forma causal, de suerte que no se quisiera establecer el régimen de participación sin la concurrencia de cualquiera de los pactos establecidos o del que, en particular, se declarara nulo.

[72] La ineficacia parcial parece ser la regla respecto de los acuerdos de los cónyuges, en el ámbito patrimonial, ya sean prenupciales, matrimoniales o cuando se ha producido la ruptura del vínculo conyugal. Así, vid., sin que tenga alcance exhaustivo, art. 231-20.5 CCCat (pactos en previsión de una ruptura futura), art. 231-26 CCCat (ineficacia capítulos matrimoniales), art. 232-7 CCCat (pactos sobre la compensación económica), art. 232-15.2 CCCat (pacto sobre el alcance de la participación), art. 233-3 CCCat (aprobación judicial de los pactos), art. 233-5.3 CCCat (pactos fuera de convenio regulador), art. 233-7 CCCat (modificación de medidas), art. 233-16.2 CCCat (pactos sobre la prestación compensatoria), art. 233-21.3 CCCat (atribución del uso de la vivienda familiar), art. 234-5 CCCat (pactos en previsión del cese de la convivencia), art. 234-6 CCCat (acuerdos alcanzados después del cese de la convivencia), art. 234-8 CCCat (atribución del uso de la vivienda familiar en caso de cese de la convivencia), art. 234-9 CCCat (compensación económica en caso de cese de la convivencia), art. 234-10 CCCat (prestación alimentaria).

De todos modos, teniendo presente la nueva regulación de los capítulos matrimoniales en el Libro II CCCat, en el que se admite un contenido ciertamente heterogéneo (arts. 231-19.1 y 231-26 CCCat), es muy probable que la ineficacia sobrevenida de un capítulo sólo afecte a otras estipulaciones en la medida en que se encuentren causalmente interrelacionadas, pero no a aquellas que sólo empleen la escritura pública de capítulos como vehículo formal para emitir una declaración sea de ciencia o negocial que precise, en su caso, esa forma concreta[73].

---

[73] Marco Molina, J. "Los capítulos matrimoniales", pp. 209-211.

III. EL RÉGIMEN DE PARTICIPACIÓN EN LAS GANANCIAS DURANTE EL MATRIMONIO

Como hemos descrito al inicio de estas líneas, el régimen de participación en las ganancias, mientras está vigente el matrimonio, en la que denominamos, si se nos permite la expresión, fase de "expectancia" funciona como si de un régimen de separación de bienes se tratara (1.) con un especial deber de información recíproco entre los cónyuges acerca de su gestión patrimonial (3.), aunque pueden disponer y disfrutar de sus bienes como tuvieren a bien (2.). Durante esta fase, los cónyuges ostentan una expectativa de derecho[74].

1. FASE DE "EXPECTANCIA"

La existencia del deber de informar, que establece el art. 232-13.2 CCCat, adecuadamente de la gestión patrimonial[75] al cónyuge, plantea una cuestión nada baladí, cual es el momento de nacimiento del derecho de crédito de participación y, consiguientemente, cuál sea la situación jurídica durante la vigencia del régimen hasta que opere la extinción del mismo voluntariamente o por decisión judicial (art. 232-16 CCCat). De entrada, durante el matrimonio, como hemos indicado e insistiremos, el régimen funciona como si de separación de bienes se tratara. Por tanto, no existe jurídicamente ningún derecho de crédito a participar en las ganancias obtenidas por los cónyuges, tan sólo una "expectativa" a participar en ellas.

A nuestro juicio, el nacimiento del derecho de crédito de naturaleza pecuniaria acaece en el momento de extinción del régimen. Es uno de sus efectos. Desde el momento en que se extingue el régimen, los cónyuges tienen un "de-

[74] Casas Vallés, R. afirma que durante esta fase los cónyuges pueden supervisar la evolución del patrimonio de su consorte para preservar su expectativa y, en su caso, defenderla ("Comentario al art. 232-13 CCCat", p. 724).

[75] El análisis más detenido de este deber de informar se hace en el epígrafe 3 de esta sección.

recho a participar en el incremento patrimonial", o sea, el derecho a participar nace - de hecho, se consolida la expectativa - pero el sujeto titular y la cuantía pecuniaria es determinable. La determinación sólo tendrá lugar, en su caso, una vez liquidado el régimen tras toda una serie de operaciones contables. Por eso, cuando el art. 232-13.1 CCCat describe el régimen de participación alude a "derecho a participar" situándolo en "*el momento de extinción del régimen*". Otros preceptos se refieren de forma genérica a "régimen de participación" (arts. 232-13.2, 232-14, 232-16, 232-17 CCCat) o sencillamente a "participación" (art. 232-15 CCCat). Por su parte, el art. 232-18 CCCat regula el inicio de la liquidación del régimen, producida su extinción, para "fijar", esto es, en orden a "determinar" el "crédito de participación".

En este instante, interesa ver la situación jurídica en la que se encuentran los cónyuges hasta que se declare la extinción del régimen matrimonial, momento en el que el derecho a participar en las ganancias terminará por consolidarse, a favor de uno de ellos, como derecho de crédito de participación. Debe tenerse presente que, en nuestro sistema, el legislador no ha dado una norma en la que se establezca claramente cuándo nace el derecho de crédito como, por ejemplo, hace el legislador alemán. En este sentido, el § 1378 III BGB considera momento de nacimiento de la *Ausgleichsforderung*, el momento de la extinción del régimen y sólo, a partir de ese momento, es transmisible a terceros y disponible por cualquier título. En el mismo sentido que el derecho alemán lo han recogido los arts. 12.3 y 16.1 CFA.

Como en el derecho catalán no contamos con una norma similar, debe procederse a interpretar la regulación dada en el régimen de participación. A nuestro modo de ver, durante la vigencia del régimen de participación, fase en la que el régimen funciona como si de separación de bienes se tratara, los cónyuges sólo tienen una "expectativa de derecho" [76], la denominada por el art. 232-16.2 letra c CCCat como "intereses". Esta situación no es similar a la que existe cuando se espera ser instituido como heredero por una persona concreta[77]. Esta situación, pues, hace que las partes puedan disponer de esa

[76] MORALES MORENO, A. M. se refiere a esta fase como de existencia de un derecho futuro que tiene la entidad suficiente como para merecer protección por parte del ordenamiento jurídico (Comentario al arts. 1415-1416 CC" en *Comentarios a las reformas del derecho de familia*, V. II, Tecnos, Madrid, 1984, pp. 1827-1829). Por su parte, MARTÍN CASALS, M. alude a expectativa de derecho ("Comentari a l'art. 52 CDCC" en CASANOVAS I MUSSONS, A. / EGEA I FERNÁNDEZ, J. / GETE-ALONSO Y CALERA, Mª. DEL C. / MIRAMBELL I ABANCÓ, A., *Comentari a la modificació de la Compilació en materia de relacions patrimonials entre cònjuges*, Generalitat de Catalunya, Departament de Justícia, Barcelona, 1995, p. 261).

[77] LARENZ, K. / WOLF, M. diferenciaban entre aquellos supuestos que podían considerarse "expectativas de derecho" de aquellos otros en los que la situación es demasiado débil e insegura como para merecer tal calificativo. El ejemplo que pone de este segundo caso es el del sujeto que, en vida del causante, espera ser instituido como heredero (*Allgemeiner Teil des Bürgerlichen Rechts*, 8. Auflage, Verlag C.H.Beck, Munich, 1997, p. 318). En la doctrina española, vid., por

"expectativa" al poder constituirse en objeto de derechos. Así, tenemos que el derecho de crédito de participación en las ganancias sería un *derecho subjetivo de formación sucesiva*: una primera fase, en la que se trataría de una "expectativa de derecho" y una segunda, en la que se consolidaría como "derecho de crédito" *in testa* de uno sólo de ellos. La primera nace con la vigencia del régimen hasta su extinción; la segunda, desde la extinción hasta el completo pago o satisfacción del crédito de participación. El crédito de participación es determinable en cuanto al sujeto titular y en cuanto a su cuantía. Éstos se determinarán cuando se haya completado la liquidación del régimen que será el momento en que se sepa si existen o no ganancias. Si no existe ganancia para ninguno de los cónyuges no nacerá el derecho de crédito de participación (art. 232-21 letra c CCCat)[78]. Cómo afecta la retroacción de efectos de la extinción, que prevé el art. 232-17 CCCat, a esta fase es una cuestión que abordaremos en el lugar oportuno de este trabajo.

La situación de "expectativa" aparece protegida por el ordenamiento jurídico en la medida en que se impone por el art. 232-13.2 CCCat el deber de informar adecuadamente, al que nos referíamos al inicio de este epígrafe, o cuando se permite la solicitud de la extinción judicial del régimen por gestión patrimonial irregular o por sobreveniencia de una causa personal o patrimonial que perjudique gravemente los intereses de cualquiera de los cónyuges (art. 232-16.2 letra c CCCat). El deber de informar debe existir durante toda la vigencia del régimen de participación hasta su completa liquidación, los efectos jurídicos de su incumplimiento son, sin embargo, diferentes, en función de la fase de formación del derecho en la que nos hallemos. Así, en la fase de "expectancia", el deber de informar debe conceptuarse jurídicamente como una "carga", cuyo incumplimiento legitima tan solo al consorte a solicitar la extinción del régimen matrimonial (art. 232-16.2 letra b CCCat). Una vez extinguido el régimen, nacido el derecho de crédito de participación y hasta la completa liquidación, el deber de informar se transforma en un deber jurídico, cuyo cumplimiento específico puede exigirse voluntaria o forzosamente por el cónyuge legitimado. Esta transformación no excluye que si existe una gestión irregular o sobreviene alguna circunstancia personal o patrimonial que pudiera perjudicar gravemente los "intereses" del cónyuge, pueda éste además solicitar la extinción del régimen matrimonial (art. 232-16.2 letra c CCCat).

La expectativa de derecho de participación aparece protegida desde el momento en que el valor de los bienes, que han salido del patrimonio, de cualquiera de los cónyuges, mediante la celebración de determinados negocios jurídicos

---

todos, Lacruz Berdejo, J. L., et al., *Elementos de Derecho civil*, I, Parte general del derecho civil, V. III, El derecho subjetivo, Bosch, Barcelona, 1984, p. 88.

[78] En punto a este extremo nos remitimos al epígrafe V. 2.1.

o la realización de determinados actos materiales o jurídicos, forma parte del patrimonio final "ficticio" (art. 232-19.2 CCCat). Además, debe tenerse presente que es, a partir de la extinción, que se inicia el cómputo del plazo de los cuatro años para ejercitar las acciones a las que alude el art. 232-24 CCCat. El momento de la extinción puede retrotraer los efectos a un momento anterior como prevé el art. 232-17 CCCat.

Durante la fase de "expectancia", la "expectativa del derecho a participar" puede protegerse, como en el caso del "derecho al fideicomiso" que ostentan los fideicomisarios (art. 426-23 CCCat) y así podrían solicitar la declaración judicial de la existencia de su "derecho a participar" en las eventuales ganancias que obtenga el otro cónyuge (art. 426-3.3 CCCat).

Por otro lado, el cónyuge que considere que su consorte está celebrando o ha celebrado actos o negocios jurídicos en fraude de su expectativa podría impugnar judicialmente los actos de disposición de aquél. Ahora bien, las sentencias que estimen la impugnación de los mismos sólo podrán ejecutarse en la medida necesaria para salvaguardar de forma inmediata los intereses del cónyuge que impugnó (arg. ex art. 426-23.4 CCCat).

Cualquiera de los cónyuges puede ejercitar las acciones necesarias para la conservación de su expectativa (art. 1121 CCE). Además, podrían realizar actos de disposición sobre la misma, si bien la eficacia de éstos dependerá de que nazca finalmente el derecho y se determine el titular y la cuantía del crédito pecuniario.

2. FACULTADES DE DISFRUTE Y DISPOSICIÓN

El art. 232-13.2 CCCat se ocupa del régimen de participación en las ganancias durante la vigencia del matrimonio, etapa en la cual el régimen funciona como si de separación de bienes se tratara, de suerte que cada cónyuge tiene la propiedad, el disfrute, la administración y la libre disposición de sus bienes. Este precepto tiene su precedente en el art. 50 CDCC y el art. 49 CF cuyo tenor literal guarda similitud con el art. 1412 CCE[79]. En este sentido, el primer inciso del precepto reproduce literalmente el art. 232-1 CCCat propio del régimen de separación de bienes. También el art. 4 CFA admite la independencia patrimonial de cada uno de los cónyuges cuando de administrar y disponer de los bienes de su patrimonio se trata si bien se establecen limitaciones a la facultad de disponer en el art. 5 CFA. La misma independencia admiten tanto el Principio 4:17 (1) como el 4:23.

[79] ALGARRA PRATS, E., *El régimen*, p. 161.

Los bienes de los cónyuges son aquellos que tuvieran al inicio del régimen y los que vayan adquiriendo con posterioridad por cualquier título. En caso de una atribución patrimonial, realizada a ambos cónyuges por un tercero, sin especial mención de cuotas, se entiende hecha en pro indiviso ordinario (art. 551-1.3 CCCat). Por otro lado, si existen bienes cuya titularidad no consta, lo que se planteará sobre todo en el momento de la liquidación del régimen, en aplicación del art. 232-4 CCCat, se considerará que el bien pertenece en pro indiviso ordinario a ambos cónyuges.

Dos cuestiones fundamentales vamos a tratar: la primera, las restricciones a la libertad de disposición (2.1.); la segunda, las posibles consecuencias jurídicas de los actos de disposición realizados durante la fase de "expectancia" (2.2.).

2.1. Restricciones a la libertad de disposición provenientes de las "disposiciones generales" aplicables a cualquier matrimonio

Como titulares dominicales que son, los cónyuges pueden disponer de sus bienes (de todos ellos)[80] como tuvieren por conveniente, si bien hay que tener en cuenta que el art. 231-9 CCCat, en sede de disposiciones generales aplicables a cualquier matrimonio -o lo que la doctrina ha dado en llamar régimen matrimonial primario-, regula la disposición de la vivienda familiar exigiendo el consentimiento (*rectius*, asentimiento) del cónyuge no titular para celebrar cualquier acto de disposición sobre la misma y, si éste no lo concede sin que exista causa que lo justifique, precisará de la correspondiente autorización judicial. En el ordenamiento catalán no existe una especial protección de los bienes que forman el ajuar doméstico en materia de régimen de participación como sí sucede en el derecho alemán (§ 1369 BGB)[81]. Sin embargo, la propia norma del art. 231-9 CCCat establece la necesidad del "asentimiento" del otro cónyuge cuando se trata de disponer de los "muebles de uso ordinario de la familia", si esa disposición compromete el uso. Estos muebles de uso ordinario se corresponden con aquellos que componen el ajuar doméstico: ropa, mobiliario y utensilios de la casa (art. 231-30.1 CCCat). A falta del mencionado asentimiento, podrá autorizar el acto de disposición el juez. Salvo estos supuestos, el asentimiento del cónyuge no titular del bien no será necesario para disponer de los bienes, contrariamente a lo que sucede en el derecho alemán, en el que,

80 El § 1365 BGB establece que sólo con el asentimiento del cónyuge puede cualquiera de ellos disponer del patrimonio en cuanto único objeto de derecho ("*Vermögen im Ganzen*"). Si no media aquél, la autorización para celebrar el acto debe proceder de la autoridad judicial. En nuestro derecho, el acto de disposición debería referirse a cada una de las relaciones jurídicas que conforman el patrimonio. No existe una norma similar a ésta en el CFA. Probablemente porque tampoco existe en la regulación francesa del régimen de "*participation aux acquêts*".

81 Schwab, D., *Familienrecht*, pp. 120-121.

para realizar actos de disposición, por parte de su titular, sobre bienes del patrimonio privativo, se exige dicho asentimiento en los §§ 1366-1367 BGB. Estas restricciones también se encuentran en el art. 5.1 CFA.

Finalmente, debe recordarse que, durante esta fase, son de aplicación otras disposiciones generales aplicables a cualquier matrimonio. Cada cónyuge puede realizar actos de disposición para atender a las necesidades y gastos familiares ordinarios de acuerdo con los usos y nivel de vida de la familia, presumiéndose el consentimiento del otro cónyuge a este respecto (art. 231-4.2 CCCat). La responsabilidad por deudas relacionadas con dichos gastos es solidaria (art. 231-8 CCCat); en otro caso, responde el cónyuge deudor (art. 231-8 CCCat). El uso y disfrute de los bienes propios también corresponde a cada uno de los cónyuges teniendo en cuenta, sin embargo, que tienen el deber de contribuir a los gastos familiares de acuerdo con lo que hubieran estipulado en virtud de su libertad civil (art. 111-6 CCCat). Así, pueden destinar bienes a la satisfacción de aquellos gastos, de suerte que las rentas o frutos que produzcan se dirigirán preferentemente a sufragarlos. En ausencia, de estos bienes, los cónyuges contribuyen, como se sabe, con los recursos procedentes de su actividad o de sus bienes (art. 231-6 CCCat). Aquellos gastos que deriven de la gestión y defensa de bienes privativos y que no guarden relación directa con el mantenimiento de la familia, no tienen la consideración de gastos familiares, por lo que serán sufragados a cargo del patrimonio privativo del cónyuge que realizó el gasto (art. 231-5.3 CCCat). Por su parte, el art. 6 CFA contempla idénticas limitaciones a las que acabamos de referir.

2.2. Actos de disposición realizados durante la fase de "expectancia"

Si los actos de disposición de bienes, que realiza cualquiera de los cónyuges a título gratuito u oneroso, son celebrados en perjuicio o en fraude del derecho del otro cónyuge a participar en las ganancias durante la vigencia del régimen y hasta que se haya liquidado completamente, de suerte que cuando tiene que satisfacer el crédito de participación no existen bienes suficientes en el patrimonio del cónyuge deudor, el acreedor dispone de una acción de reducción o supresión de los primeros y de los segundos (art. 232-24.1 CCCat). De todos modos, cualquiera de los cónyuges puede impugnar los actos celebrados por el otro, sin necesidad de esperar a que se determine la ganancia y nazca el crédito de participación para comprobar que no existen bienes suficientes para el pago del mismo, siempre que consiga probar que se han realizado en fraude o perjuicio de su "derecho a participar", esto es, de su expectativa, prueba que puede resultar difícil en la práctica.

De otra parte, hay que tener presente que, aunque el cónyuge titular puede hacer atribuciones patrimoniales a título lucrativo a favor de terceros, salvo que se trate de liberalidades de uso, en caso de consistir en donaciones, si el otro cónyuge no las "consiente", los bienes donados formarán parte del patrimonio final "ficticio" a efectos del cálculo de las ganancias (art. 232-19.2 letra a CC-Cat). En este sentido, el cónyuge titular, durante la fase de "expectancia", puede otorgar donaciones sin el "consentimiento" de su consorte. Estas donaciones son válidas y eficaces. El consentimiento que se exige supone, en realidad, una renuncia a que se contabilice el valor de determinados bienes a efectos de determinar el valor del patrimonio final y consiguiente ganancia. Por tanto, se renuncia a unas posibles ganancias. Por eso, la consecuencia de que "no consienta" el cónyuge es que se cuente ficticiamente con el valor de los bienes donados. Esas donaciones pueden ser objeto de reducción o supresión, si nacido el derecho de crédito a su favor, cuando se han determinado las ganancias y se conoce la cuantía, no existen bienes suficientes, con el límite de que los bienes no hayan pasado a titularidad de un tercero a título oneroso de buena fe (art. 232-24.2 CCCat).

La misma situación se da si los bienes salieron del patrimonio a título oneroso con la intención de hacer disminuir las ganancias o se constituyeron gravámenes fraudulentamente o se destruyeron bienes o se deterioraron con esa misma intención (art. 232-19 letras b y c CCCat). En el momento de determinación de los patrimonios (final e inicial) ya ha nacido el derecho de participación y se tiene en cuenta el valor ficticio de esos bienes, si bien el cónyuge podrá solicitar la rescisión de esos negocios jurídicos realizados en fraude de su derecho.

3. CONFIGURACIÓN JURÍDICA DEL DEBER DE INFORMAR ADECUADAMENTE DURANTE LA FASE DE "EXPECTANCIA"

Como hemos significado, el art. 232-13.2 CCCat estatuye un deber de informar adecuadamente, a cargo de cada uno de los cónyuges, por tanto, un deber recíproco de información, acerca de la gestión patrimonial. Este deber de información es más amplio que el que recoge el art. 231-7 CCCat, en sede de disposiciones generales aplicables a cualquier matrimonio con independencia de su régimen económico matrimonial, que se limita al deber recíproco de información en relación con los gastos familiares. Por lo tanto, este último deber no se extiende a cualquier acto o negocio jurídico, sólo a aquéllos que se celebren con ocasión de los referidos gastos. En cambio, el deber de información que establece el art. 232-13.2 CCCat es más amplio, pues, alude a cualquier acto o negocio jurídico que celebre el cónyuge, habida cuenta que la gestión, que se ejecute, puede repercutir en su eventual participación en las ganancias. Podría afirmarse que el deber de información recogido en la regulación del régimen de participación tiene presente el "interés personal" de cada uno de los cónyuges; mientras que, el art. 231-7 CCCat toma por norte el "interés familiar". Centrándonos en el primero, debe afirmarse que el deber de informar adecuadamente de la gestión patrimonial es un deber que se cumple ya, desde el inicio del régimen, cuando se aporta el inventario de los bienes, deudas y cargas de las que cada cónyuge es titular (art. 232-14 CCCat).

El cumplimiento del deber de información es de tracto sucesivo, es decir, debe suministrarse la información sobre la gestión patrimonial durante toda la vigencia del régimen hasta su completa liquidación y, además, hacerlo sin necesidad de que el otro cónyuge exija su cumplimiento. El art. 232-13.2 CCCat indica que el cónyuge tiene el deber de informar "adecuadamente" de su gestión patrimonial. Qué se entienda por el adverbio que emplea el legislador tiene que ver con el contenido de la información y el medio a través del cual se suministra esa información. En relación con el contenido de la información, el legislador advierte que se trata de la gestión patrimonial, concepto amplio que comprende el uso, el disfrute, la administración y disposición de los bienes, guarden o no conexión directa con el mantenimiento de la familia; luego, también acerca de la marcha de negocios o empresas de los que fuera titular. En lo que concierne al segundo aspecto, el medio a través del cual se provee la información, en caso de convivencia pacífica, muy probablemente se hará de forma oral, lo que no impide que se aporten los documentos, escritos, recibos, facturas o documentos similares que se consideren necesarios. El cónyuge al que se facilita la información no tiene la carga de aceptarla; basta con que tome conocimiento de la gestión patrimonial llevada a cabo por su consorte.

La reciprocidad en la información no quiere decir igualdad, esto es, el mismo contenido contemplado tanto desde un punto de vista cuantitativo como cualitativo, sino que tiene que ver, como advertíamos en el lugar oportuno, con aportar información que el otro cónyuge considere como suficiente. Luego, cabe la información asimétrica.

El incumplimiento grave y reiterado del deber de informar, durante la fase de "expectancia", legitima al cónyuge solicitante de la información para pedir judicialmente la extinción del régimen de participación (art. 232-16.2 letra b CCCat). Como hemos indicado, se trata de una "carga".

La información suministrada no presupone que la gestión patrimonial sea necesariamente regular; puede tratarse de una gestión irregular, lo que permitiría también al cónyuge concernido solicitar judicialmente la extinción del régimen de participación (art. 232-16.2 letra c CCCat). Una gestión patrimonial irregular que pretenda defraudar el derecho a participar en las ganancias nacido como efecto de esa extinción del otro cónyuge posibilita, a su vez, que se contabilicen ficticiamente determinados bienes como integrantes del patrimonio final a efectos del cálculo de aquéllas (art. 232-19.2 letras b y c CCCat).

En el derecho alemán se regula el deber de información en el momento de la liquidación del régimen siendo especialmente relevante en el momento del cese de la convivencia y de la interposición de la demanda de divorcio (§ 1379 BGB). Durante la vigencia del matrimonio no se establece ningún deber específico a este respecto, como sí hace el derecho catalán, por lo que se aplica el deber general de informar previsto en el § 1353 I 2 BGB. La diferencia entre ambos derechos de información estriba en que el previsto en sede de régimen de participación constituye una verdadera obligación cuyo cumplimiento es exigible ante los tribunales; mientras que el segundo, se contempla como una carga que sólo legitimaría para solicitar la extinción del régimen de participación[82]. Por su parte, en el derecho francés, el art. 1578.3 CCF el deber de informar se regula en sede de liquidación comprendiendo el aporte de cuantos documentos sean necesarios para la efectividad de la misma. Con la interpretación que nosotros hemos realizado de las normas reguladoras del régimen de participación, a efectos de determinar cuándo se entiende que nace efectivamente el derecho de crédito de participación, hemos alcanzado el mismo resultado que el que se deriva de aplicar los preceptos mencionados en el derecho alemán. De otro lado, el art. 16 CFA contiene una regla similar a las franco-alemanas.

En nuestro derecho, este deber recíproco especial de información durante la vigencia del régimen de participación que impone el art. 232-13.2 CCCat - y que ya aparecía en el art. 51 CDCC -, proviene, a nuestro entender, del art. 1383 CCE en sede de sociedad de gananciales. En efecto, en este precepto se estatuye que "*deben los cónyuges informarse recíproca y periódicamente sobre la situación y rendimiento de cualquier actividad económica suya*". En la regulación del régimen de participación en el CCE la alusión a este deber de informar aparece de forma indirecta en el art. 1415 CCE cuando establece que las causas de extinción de este régimen son las mismas que las causas de extinción de la sociedad de gananciales siendo una de ellas, en virtud del art. 1393 CCE, el incumplimiento grave y reiterado del deber de informar. De este modo, se entiende que también existe un deber de informar recíproco entre

[82] La reforma del régimen de participación en Alemania, operada en 2009, ha establecido que esta obligación de informar puede exigirse ya desde que tiene lugar el cese de hecho de la convivencia sin necesidad de tener que esperar a la extinción del régimen (en el mismo sentido, art. 16.2 CFA), vid. Brudermüller, G., "Die Neuregelungen im Recht des Zugewinnausgleichs ab 1.9.2009 – Negatives Anfangs- und Endvermögen, erweiterte Auskunftspflichten, Änderung des Stichtags-, Konkretisierung der Beweislast-", *FamRZ* 56. Jahrgang, Heft 14, 15. Juli 2009, pp. 1188-1189; Schwab, D., *Familienrecht*, p. 146.

los cónyuges durante la vigencia del régimen de participación[83]. Deber que, a tenor de la doctrina, en el caso de la sociedad de gananciales, es coercible y, por tanto, el tribunal podría emitir una sentencia de condena del cónyuge que se negara a prestar la información[84].

Como conclusión, el deber de informar es una carga durante la fase de expectancia transformándose en un deber jurídico coercible a partir de la extinción del régimen que es cuando se consolida en derecho subjetivo. En definitiva, a la paulatina formación sucesiva del derecho de crédito de participación corresponde una paulatina mayor protección jurídica del mismo a través de diversos mecanismos legales, entre los cuales, aparece el deber jurídico de informar en cuanto tal deber.

---

83 Morales Moreno, A. M., "Comentario al arts. 1415-1416 CC" en *Comentarios a las reformas del derecho de familia*, V. II, Tecnos, Madrid, 1984, pp. 1827-1829.

84 Díez-Picazo, L. "Comentario al art. 1383 CCE" en *Comentarios a las reformas del derecho de familia*, V. II, Tecnos, Madrid, 1984, p. 1770.

IV. EXTINCIÓN DEL RÉGIMEN DE PARTICIPACIÓN EN LAS GANANCIAS

En el estudio de la extinción del régimen de participación en las ganancias se partirá de las causas que dan lugar a la misma (1.), en segundo lugar, de los efectos que se derivan de la extinción (2.) y, por último, haremos una referencia explícita a la norma que establece la retroacción de los efectos de la extinción (3.).

1. CAUSAS DE EXTINCIÓN

El art. 232-16 CCCat establece, en un único precepto, dos grupos de causas: el primero, es el que denominamos "causas de extinción necesarias" (1.1.) y el segundo, es el que concierne a las "causas de extinción mediante resolución judicial" (1.2.). Engloba, pues, las causas establecidas en los arts. 51 y 52 CF. En efecto, el art. 232-16.1 CCCat se corresponde con el art. 51 CF y el art. 232-16.2 CCCat con el art. 52 CF. El art. 232-16 CCCat[85] ha seguido la estela del art. 52 CDCC que contemplaba todas las causas de extinción en un único precepto, si bien el precepto actual recoge más causas que las previstas en el derogado art. 52 CDCC.

La extinción del régimen de participación prevista en el art. 232-16.1 CCCat opera de forma automática ya sea derivada de la voluntad de los cónyuges (letra b) o como resultado de un proceso matrimonial en el que se declare la nulidad, separación judicial o divorcio (letra a), o la disolución del matrimonio como consecuencia de la muerte o declaración de fallecimiento de uno o de ambos cónyuges (letra a). La extinción prevista, en cambio, en el art. 232-16.2 CCCat sólo tiene lugar si lo determina una resolución judicial a petición de uno de los cónyuges siempre que se den determinadas circunstancias que establece el

[85] En sede de comunidad de bienes, el art. 232-36 CCCat es similar a éste, si bien ha recogido, en caso de extinción del régimen por resolución judicial, una causa más concerniente al embargo de los bienes comunes.

precepto. En el mismo sentido se contempla en el art. 7.3 CFA y en el Principio 4:24 letra d.

El momento de la extinción es el límite temporal del derecho del cónyuge a participar en las ganancias obtenidas por el otro. A partir de este momento, las ganancias que puedan existir no son participables. Es el momento en que la "expectativa de derecho" se consolida en "derecho a participar" en el valor del incremento patrimonial obtenido por los cónyuges.

1.1. Causas de extinción necesaria

El art. 232-16.1 CCCat comprende varias causas de extinción del régimen de participación que provocan necesariamente la extinción del mismo. Así, la disolución del matrimonio por muerte o declaración de fallecimiento de alguno o de ambos cónyuges (arts. 33, 85 CCE, art. 211-1.3 CCCat, art. 7.1 CFA, Principio 4:24 letra a). En este segundo caso, será la resolución judicial que declare al cónyuge fallecido, fijando la fecha en la cual se entiende producida la muerte, la que implicará la disolución del matrimonio y consiguiente extinción del régimen económico matrimonial (arts. 195-196 CCE). En el derecho catalán, como en el español, no existen reglas específicas respecto de la liquidación del régimen cuando éste se extingue por muerte o declaración de fallecimiento de cualquiera de los cónyuges, de suerte que la liquidación deberá hacerse de la misma manera que si el régimen se extingue por otro causa. Esto contrasta con el derecho alemán en el que existen reglas propias y diferentes para la liquidación del régimen de participación cuando éste se extingue por muerte o declaración de fallecimiento de cualquiera de los cónyuges respecto de las otras causas de extinción del mismo (§ 1371 BGB). Independientemente de que el cónyuge sobreviviente tenga o no derecho a participar en las ganancias, el BGB considera que la cuota de la herencia, en caso de ser nombrado heredero el cónyuge sobreviviente, o de la legítima se incrementa una cuarta parte, obviándose, de este modo, los cálculos que deben hacerse cuando el régimen se extingue por otra causa[86].

En caso de divorcio (art. 85 CCE, art. 7.3 CFA, Principio 4:24 letra b) y separación judicial (arts. 81-83 CCE, art. 7.3 CFA, Principio 4:24 letra b) deberemos esperar a las resultas del proceso matrimonial que declare éste o ésta para considerar extinguido el régimen económico (art. 95.1 CCE). Mientras no se dé esta declaración judicial sigue existiendo régimen económico matrimonial, si bien las partes pueden, en su caso, en la propuesta de convenio regulador, proceder a la liquidación del mismo (art. 233-2.3 letra d CCCat), que precisará

86 Schwab, D., *Familienrecht*, p. 152.

de la correspondiente homologación del mismo. Respecto de los efectos que produce la reconciliación habrá que estar a lo previsto en el CCE (arts. 84 y 88) ya que el derecho catalán no tiene normas específicas al respecto.

En el supuesto de nulidad del matrimonio (art. 7.3 CFA, Principio 4:24 letra b), la sentencia que declare la nulidad conllevará la extinción del régimen económico cuando acaezca cualesquiera de las causas de nulidad establecidas en el art. 73 CCE. La nulidad del matrimonio plantea otra cuestión en el derecho catalán. En efecto, éste no diferencia entre cónyuge de buena o de mala fe como, por el contrario, hace el art. 1415 CCE por remisión al art. 1395 CCE que se corresponde con el art. 95.2 CCE. Estos preceptos niegan la posibilidad de participar en las ganancias al cónyuge que es de mala fe. En el derecho catalán, el cónyuge independientemente de su buena o mala fe tiene derecho a participar en las ganancias obtenidas por el otro. Parece que el régimen económico, en el derecho catalán, consiste en el funcionamiento objetivo de los patrimonios abstracción hecha del comportamiento de los cónyuges. Así, en sede de comunidad de bienes, el art. 232-36.1 letra a CCCat también considera como causa de extinción del régimen la declaración de nulidad del matrimonio sin que exista norma que tenga en cuenta la buena o mala fe de cualquiera de los consortes. Tampoco las reglas sobre compensación económica contenidas en el régimen de separación de bienes tienen en cuenta la buena o mala fe del cónyuge a efectos de ostentar derecho a ella[87]. Por tanto, sí se podría concluir que el funcionamiento del régimen económico matrimonial, en el derecho catalán, es objetivo.

Por su parte, el art. 233-14.1 CCCat, en relación con la prestación compensatoria, establece que sólo tiene derecho a ella el cónyuge de buena fe. En este caso, el fundamento del derecho a la prestación es subjetivo.

Todo ello plantea otra cuestión, cual es si se debe seguir manteniendo la aplicación del art. 79 CCE en el ordenamiento jurídico catalán. Como se sabe, este precepto regula los efectos derivados de la celebración de un matrimonio putativo, de suerte que la declaración de nulidad no invalidará los efectos derivados de éste respecto de los hijos y del contrayente de buena fe. El legislador catalán, en el CCCat, ha regulado los "efectos derivados de la nulidad, del divorcio y de la separación judicial" (capítulo III, título III, Libro II) y uno de los efectos de la nulidad del matrimonio es la regla contenida en el art. 79 CCE. Así, si el legislador que ha regulado los efectos nada ha advertido al respecto, se podría interpretar su silencio en el sentido de que su intención es la no aplicación de la regla contenida en el art. 79 CCE y, por tanto, la no aplicación de este precepto en el ordenamiento jurídico catalán. De hecho, cuando

[87] Del mismo modo, no existe ninguna norma en los regímenes económicos locales que tengan en cuenta esa buena o mala fe.

el legislador ha considerado necesario tener en cuenta la buena o mala fe de alguno de los cónyuges lo ha hecho expresamente como es el caso del derecho a la prestación compensatoria. Si, en cambio, se considera que el legislador catalán no ha excluido la aplicación del art. 79 CCE, pues, no entra dentro de su competencia en materia civil (art. 149.1 8º CE), el hacerlo, la consecuencia sería que al proteger al cónyuge de buena fe implícitamente excluiría al de mala fe del derecho a participar en las ganancias obtenidas por el otro y sólo el de buena fe tendría este derecho[88]. Sin embargo, esta aplicación iría en contra de un principio propio del derecho catalán, cual sería el consistente en el funcionamiento objetivo de los patrimonios en el régimen económico matrimonial independientemente de la buena o mala fe de los cónyuges (arts. 111-1, 111-2, 111-5 CCCat).

Además, según la letra b del art. 232-16.1 CCCat (art. 7.2 CFA, Principio 4:24 letra c), el régimen de participación se extingue por acuerdo de los cónyuges en virtud del cual estipulan un nuevo régimen matrimonial. Acuerdo que debe plasmarse en capítulos matrimoniales. Ahora bien, debe tenerse presente que ya el pacto acogiéndose al régimen de participación es un capítulo matrimonial (art. 231-10.2 CCCat). Luego, este nuevo pacto estipulando como régimen económico del matrimonio otro diferente al de participación supone la modificación de los capítulos y deberán tenerse presentes las normas que los regulan (arts. 231-19 a 231-26 CCCat). Si el pacto consiste en que no quieren el régimen de participación, hasta ese momento vigente, sin especificar otro al que se acojan, debe entenderse que optan por el de separación de bienes (art. 231-10.2 CCCat)[89].

1.2. Causas de extinción mediante resolución judicial

Una de las primeras causas de extinción del régimen de participación, a petición de uno de los cónyuges, mediante resolución judicial[90] es la separación de hecho de éstos por un período superior a seis meses. Se ha pasado de un período mínimo de un año, como determinaba el art. 52 letra a CF[91] siguiendo el art. 1415 CCE que se remite al 1393.3 CCE, a seis meses. Por otra parte, el art. 232-16.2 CCCat es uno de los pocos preceptos, en el Libro II CCCat, que

---

[88] Este es el parecer de Casas Vallés, R., "Comentari a l'art. 51 CF", p. 289 y "Comentario al art. 232-16 CCCat", p. 735. Aplica el art. 79 CCE con carácter supletorio, Martín Casals, M., "Comentari a l'art. 52 CDCC", pp. 258-259.

[89] Martín Casals, M., "Comentari a l'art. 52 CDCC", p. 260.

[90] Causas similares a éstas se recogen, para la comunidad de ganancias alemana, en el § 1385 BGB.

[91] En su origen se trataba de dos años, pero, en virtud de una enmienda del grupo socialista al proyecto de ley de CF, se redujo al año como en el CCE. Da cuenta de ello, Casas Vallés, R., "Comentari a l'art. 52 CF", p. 291.

hace referencia a la "separación de hecho". También se refiere a ella el art. 232-17 CCCat que la define como "cese de la convivencia"[92]. Así, en el Libro II CCCat el legislador con la expresión "cese de la convivencia" se referiría tanto a la extinción de una unión estable, si desaparece la comunidad de vida (art. 234-4 CCCat), como a la separación de hecho.

Otra de las causas para poder solicitar la extinción del régimen a la autoridad judicial es, según la letra b del art. 232-16.2 CCCat, el incumplimiento grave o reiterado del deber de informar recogido en el art. 232-13.2 CCCat. Hay que tener en cuenta la configuración jurídica de este deber de informar que hemos indicado más arriba, esto es, durante la vigencia del régimen donde ha nacido la expectativa del derecho a participar, los cónyuges sólo tienen una carga de informar acerca de la gestión patrimonial que hacen. El incumplimiento de esta carga permite al otro cónyuge solicitar la extinción del régimen. Pero, para que ello tenga lugar, es menester que el incumplimiento sea grave o reiterado. Luego, no se exigen ambos cumulativamente, como, por el contrario, exige el art. 1393.4 CCE por remisión del art. 1415 CCE. La falta de información sobre un asunto especialmente relevante en la gestión del patrimonio puede ser considerado un incumplimiento grave del deber de informar sin necesidad de que sea reiterado.

La última causa de extinción que menciona el art. 232-16.2 letra c CCCat, en realidad, comprende dos. Son las que contemplaban las letras c) y d) del art. 52 CF. La primera de ellas, consiste en la "gestión patrimonial irregular" (art. 1416 CCE). Para poder tildar a la gestión[93], que hace un cónyuge de su patrimonio, de "irregular" no podemos partir de un modelo de conducta abstracto ya que cada uno de los cónyuges conducirá sus asuntos en función de su criterio[94]. Es decir, la diligencia debe entenderse en sentido subjetivo, concretamente, el modelo "*quam in suis*". Así, actos o negocios jurídicos que a los ojos de uno de los cónyuges puedan parecer cuestionables no necesariamente lo han de ser desde la perspectiva de quién los realiza. En esta dirección, se debe intentar acudir a parámetros objetivos y se podría considerar como gestión patrimonial irregular aquellos actos o negocios jurídicos que suponen atribuciones patrimoniales a terceros, el valor de las cuales se consignará después en el patrimonio final "ficticio" o bienes que se destruyen o se deterioran con la finalidad de menguar las ganancias (art. 232-19.2 CCCat) o que se pergeñan con la intención de defraudar el futuro derecho de crédito de participación o cualquiera de los cónyuges tiene

---

[92] El art. 233-5 CCCat alude a ella al regular el pacto amistoso de separación.

[93] "Gestión" es un concepto amplio que comprende tanto la administración como la disposición de los bienes que conforman el patrimonio (Martín Casals, M., "Comentari a l'art. 52 CDCC", p. 262).

[94] En relación con el CCE parece considerar necesario el desempeño de un cierto modelo de diligencia abstracto por parte de los cónyuges, Morales Moreno, A. M., "Comentario al art. 1416 CC", p. 1829. Sigue a este autor, Algarra Prats, E., *El régimen*, pp. 178-179.

el temor racional y fundado de que la gestión patrimonial aboca a que no existan bienes suficientes en el patrimonio del otro cónyuge para satisfacer su derecho de crédito, en caso de que éste llegue a nacer, y deba, entonces, que ejercitar las acciones que regula el art. 232-24 CCCat[95]. Sin embargo, el concepto de "gestión patrimonial irregular" es más amplio y no necesariamente ha de implicar gestión "fraudulenta". En esta dirección, la destrucción o deterioro de bienes por parte de su titular, aunque no obedezca a un intento de defraudar la posible expectativa de derecho a participar en las ganancias cuando llegue a nacer ni a otra razón plausible, podría considerarse un supuesto de gestión patrimonial irregular que no fraudulenta. Se trata, en definitiva, de una gestión que pueda comprometer "gravemente" los intereses (recuérdese que nos encontramos en la que hemos denominado "fase de expectancia") del otro cónyuge y que deberá determinarse caso por caso[96]. En este sentido, no necesariamente la inversión en productos financieros o fondos de alto riesgo tiene que implicar, de modo necesario, una gestión patrimonial irregular, si no va acompañada de otros datos que permitan vislumbrar que efectivamente se comprometen gravemente los intereses del consorte (v. gr. pérdidas excesivas de patrimonio o simplemente pérdidas de modo reiterado). De este modo, se ha destacado que la gestión patrimonial debe ser una gestión conservadora más que deber desplegar actividades personales encaminadas a obtener específicamente ganancias[97].

La segunda causa que se contempla en la letra c) del art. 232-16.2 CCCat es la "superveniencia de alguna circunstancia personal o patrimonial en el otro cónyuge que comprometa gravemente los intereses del que solicita la extinción" (art. 1393.1 y 2 CCE). Se trata de circunstancias sobrevenidas de carácter personal o patrimonial que no existían en el momento de pactar el régimen de participación y que pueden comprender tanto situaciones de hecho como de derecho. Así, por ejemplo, la situación de ausencia (de hecho o legal) de uno de los cónyuges puede ser una circunstancia personal que comprometa los intereses del otro[98], la declaración de prodigalidad o la incapacitación, la declaración de concurso sería una causa patrimonial que podría igualmente comprometer los intereses del cónyuge no concursado. Sea lo que fuere, deberá verse caso por caso.

---

95 En relación con el art. 1416 CCE, vid. MORALES MORENO, A. M., "Comentario al art. 1416 CC", p. 1828. Para el derecho de la CDCC, MARTÍN CASALS, M., "Comentari a l'art. 52 CDCC", p. 264. Para el CF, CASAS VALLÉS, R., "Comentari a l'art. 52 CF", pp. 258-259.

96 De hecho, el art. 52 letra c CF establecía específicamente que la gestión patrimonial irregular debía comprometer gravemente los intereses de quién solicita la extinción. La nueva redacción al agrupar las causas de las letras c y d del art. 52 CF podría hacer pensar que afectar gravemente los intereses del otro cónyuge se refiere sólo a la superveniencia de alguna circunstancia personal o patrimonial que legitimaría para solicitar la extinción.

97 MORALES MORENO, A. M., "Comentario al art. 1416 CC", pp. 1828-1829; MARTÍN CASALS, M., "Comentari a l'art. 52 CDCC", p. 261.

98 El art. 465 CCQ contempla este supuesto de modo expreso.

2. EFECTOS DERIVADOS DE LA EXTINCIÓN

El efecto fundamental derivado de la extinción es el nacimiento del derecho a participar en las ganancias, esto es, la expectativa de derecho se consolida en derecho de crédito, si bien el sujeto titular y su cuantía son determinables (2.1.). Junto a este existen otros efectos jurídicos que conviene poner de relieve (2.2.).

2.1. Nacimiento del "derecho de crédito a participar en las ganancias"

Como hemos advertido en el epígrafe oportuno[99], el "derecho a participar" sólo nace en el momento de la extinción, y no antes, como un efecto derivado de la misma, aunque la liquidación se practique tiempo después. Debe recordarse que la expectativa aparece protegida mediante la carga de informar adecuadamente de la gestión patrimonial que se realice *in testa* de cada uno de los cónyuges y, como hemos subrayado, en caso de que ésta sea irregular, o sobrevenga cualquier circunstancia personal o patrimonial que perjudique gravemente los "intereses" de cualquiera de los cónyuges, el perjudicado podrá solicitar judicialmente la extinción del régimen matrimonial (art. 232-16 CCC).

El derecho de crédito de participación nace con la extinción del régimen pero el sujeto titular del mismo es determinable. Aparecerá determinado en un momento posterior cuando se liquide el régimen matrimonial. De todos modos, se conocen los criterios que harán posible su determinación posterior. En efecto, el primer criterio es que se trata de uno de los cónyuges puesto que el origen del crédito es "matrimonial". El segundo es la inexistencia de incremento patrimonial o un incremento patrimonial menor al del cónyuge deudor.

Al tratarse de un crédito de naturaleza pecuniaria habrá que fijar la cuantía del mismo, esto sólo acontece tras las operaciones contables que comprende la liquidación del régimen determinando el valor del patrimonio inicial y del final para cada uno de los cónyuges. El art. 232-21 CCCat da los criterios para que opere esa determinación, en la cual nos detendremos en el lugar oportuno[100].

2.2. Otros efectos

Junto al efecto principal, que hemos abordado en el epígrafe anterior, existen otros efectos derivados de la extinción del régimen de participación, los cuales no, por tratarse separadamente, son menos importantes.

---

[99] Vid. epígrafe 1.

[100] Vid. epígrafe V.3.

En primer lugar, el momento de la extinción marca el cese de la participación en las ganancias, es decir, desde el momento en que se da la extinción ya no se tendrá derecho a participar en las ganancias que, en su caso, obtenga el cónyuge ni se tendrán en cuenta a los efectos de la determinación del crédito de participación. En los casos, en que pese a la extinción del régimen económico, el matrimonio continúe vigente, éste tendrá como régimen económico el de separación de bienes, salvo que otra cosa estipularan los cónyuges (art. 231-10.2 CCCat).

En segundo término, determina el momento a partir del cual se puede iniciar la liquidación (art. 232-18 CCCat).

En tercer término, determina el *dies a quo* del plazo de caducidad de cuatro años de las acciones previstas en el art. 232-24 CCCat.

Además, en cuarto lugar, es el momento que se tiene en cuenta para valorar los bienes, que forman parte del patrimonio final "real", en el estado material que tengan en ese momento (art. 232.19.1 y 3 CCCat). También es el momento en el que se valoran los bienes que forman parte del patrimonio inicial "real" que existían al inicio del régimen (art. 232-20.3 CCCat), salvo en aquellos casos en los que tenga lugar la retroacción de efectos como, seguidamente, explicitamos.

Por otro lado, cesa la carga de información recíproca entre los cónyuges acerca de la gestión patrimonial que hagan puesto que se transforma en un deber jurídico coercible. Los cónyuges seguirán teniendo la libre administración, disfrute y disposición de sus bienes (arg. art. 232-13.2 CCCat), si bien deberán informarse acerca de su gestión patrimonial como consecuencia de la liquidación. Hay que tener presente que la extinción del régimen económico no siempre va precedida de la liquidación. Así, puede ser que, entre extinción y liquidación propiamente dicha, exista un lapsus temporal más o menos extenso[101], por lo que cuando principien las operaciones de liquidación del régimen los cónyuges o sus sucesores deben informar acerca de la gestión patrimonial llevada a cabo durante ese tiempo. Es un deber, de otra parte, que derivaría de la honradez en los tratos (art. 111-7 CCCat). El deber de informar desde la extinción del régimen y durante la fase de liquidación es previsto, de modo expreso, en el § 1379 BGB. En el mismo sentido, se expresa tanto el art. 1578.3 CCF como el art. 16 CFA.

[101] El hecho de que las acciones del art. 232-24 CCCat inicien su cómputo de cuatro años, en el momento de la extinción del régimen de participación, debería suponer un estímulo para que no demoren la liquidación, pues, si lo hacen, pueden encontrarse con el hecho de que las acciones para solicitar la reducción o supresión de las donaciones o atribuciones particulares o las de impugnación de negocios en fraude del crédito de participación, en caso de que no hubiera bienes suficientes en el patrimonio del deudor para satisfacer el crédito del acreedor, ya han caducado.

En la nueva regulación del régimen de participación ha desaparecido la regla del art. 54.2 CF que establecía una prohibición de disponer, de suerte que hasta que no se determinara el crédito de participación, ninguno de los consortes podía disponer de sus bienes sin el consentimiento del otro o de sus herederos, si el régimen y el matrimonio se disolvía por muerte o declaración de fallecimiento de cualquiera de ellos, o si este consentimiento (de hecho, se trataba de un asentimiento) faltaba, sin la correspondiente autorización judicial, salvo en lo que se correspondía con la actividad normal de gestión de su patrimonio, la cual tenía un alcance meramente conservativo. Esta prohibición de disponer había sido criticada por algún sector doctrinal pues entendía que al regularse las acciones en perjuicio y en fraude del crédito de participación no era necesario establecerla[102]. No obstante, la prohibición de disponer tendría, tal vez, sentido mantenerla respecto de la vivienda familiar cuando el cónyuge acreedor solicitara que se le adjudique la misma en caso de que el matrimonio se disuelva -y consiguientemente el régimen económico se extinga- por la muerte o declaración de fallecimiento del cónyuge que, después, al liquidarse aquél, resulte deudor (art. 232-22.2 CCCat). La prohibición de disponer representaría una garantía para el acreedor del crédito de participación. No cabría la prohibición de disponer respecto de otros bienes a pesar del valor sentimental que pudieran representar para el cónyuge acreedor. Como es sabido el art. 232-22.1 CCCat permite que la autoridad judicial ordene el pago del crédito de participación con bienes de la persona obligada a ello siempre que exista causa que lo justifique y a instancia de parte (cualquiera de los cónyuges o sus herederos). Esta opción no debe impedir la disposición de los bienes por parte de su titular.

Esta supresión probablemente ha traído como consecuencia que las donaciones y las atribuciones particulares en pacto sucesorio otorgadas también durante esa fase, esto es, durante la liquidación, sean reducibles o suprimibles y los actos onerosos realizados en fraude del derecho de crédito de participación sean impugnables, esto es, rescindibles (art. 232-24 CCCat). Esta prohibición de disponer no aparece en ni en el derecho francés, alemán, el CFA, ni en los Principios europeos de derecho de familia en relación a las relaciones patrimoniales entre cónyuges.

3. RETROACCIÓN DE LOS EFECTOS DE LA EXTINCIÓN

En este apartado abordaremos dos extremos. A saber, el momento temporal al que se retrotraen los efectos de la extinción (3.1.) y los efectos de la retroacción de efectos (3.2.).

---

[102] Dudaba de la necesidad de esta prohibición Casas Vallés, R., "Comentario al art. 54 CF", p. 297.

3.1. Momento temporal

El art. 232-17 primer inciso CCCat establece que si el régimen de participación se extingue por resolución judicial, los efectos de la extinción se retrotraen al momento de presentación de la demanda. Esta regla tiene como precedente el art. 53 CF, si bien con una redacción parcialmente diferente. Además, es una regla presente en aquellos derechos foráneos que también regulan el régimen de participación. En efecto, la recogen los §§ 1384 y 1387 BGB, el art. 204.2 CCS, aunque éste último en relación exclusivamente con la demanda de nulidad, separación o divorcio. En el mismo sentido que el CCS, la contempla el art. 465 inciso final CCQ. El art. 13 CFA también ha establecido una regla de retroacción de efectos al momento de interposición de la demanda, especificando que los efectos de la retroacción son tan sólo para fijar el momento para la determinación de la composición y valoración de los respectivos patrimonios con la finalidad de determinar el crédito de participación. El Principio 4:25 también establece la retroacción de efectos a la fecha de la interposición de la demanda en aquellos casos de extinción del régimen de participación que ésta tenga lugar por resolución judicial, lo que no sucede tan sólo en el supuesto de extinción anticipada del régimen, sino también en caso de separación judicial, nulidad o divorcio.

La retroacción de los efectos de la extinción sólo tiene lugar cuando ésta se produce por resolución judicial. Varias cuestiones se pueden plantear al respecto. La primera tiene que ver con el hecho de que no establece el precepto que esta resolución judicial sea firme, aunque parece que debería entenderse así. Sólo cuando la resolución judicial sea firme los efectos de la extinción se retrotraerán al momento de presentación de la demanda. En segundo lugar, una primera lectura del precepto podría hacer pensar que se refiere a las causas de extinción por resolución judicial, esto es, las causas previstas en el art. 232-16.2 CCCat. Sin embargo, en caso de divorcio, nulidad y separación judicial también existe una resolución judicial que determina la extinción del régimen económico matrimonial. Luego, la referencia a la resolución judicial es a cualquier resolución judicial que implique esa extinción. Por tanto, también se comprenderían las causas de extinción del régimen recogidas en el art. 232-16.1 letra a CCCat. De hecho, esta interpretación entronca con la literalidad del art. 53 CF que se refería a "*una sentencia dictada con ocasión de las causas establecidas por los arts. 51 y 52*" comprendiendo ambos grupos de causas. Es, además, la interpretación que se corresponde con el BGB, una de las fuentes inspiradoras del derecho catalán.

La retroacción de efectos de la extinción al momento de presentación de la demanda independientemente de que ésta sea admitida a trámite o no, es una retroacción automática por ministerio de la ley. El fundamento de la retroacción se encuentra en el hecho de considerar este período de tiempo, desde la interposición de la demanda hasta la firmeza de la resolución judicial, como un período sospechoso en el cual el cónyuge demandado puede haber celebrado actos con la intención de minvar las ganancias y, por tanto, que el demandante, en caso de que tuviera derecho a participar en éstas, participara en un menor valor. Es una regla que recuerda el período sospechoso del pródigo establecida en el art. 297 CCE. También evita que se alarguen artificialmente los pleitos con la esperanza de que las ganancias aumenten y la cuantía final en la que se cifra el crédito de participación sea mayor para el cónyuge acreedor que, probablemente, sea a su vez el demandante[103].

El CCCat ha establecido un inciso segundo al art. 232-17 que es nuevo. En efecto, advierte éste que "*a petición de uno de los cónyuges o de sus causahabientes, la autoridad judicial puede acordar la retroacción de los efectos de la extinción a la fecha en que cesó la convivencia*". Esta regla proviene del art. 466 CCQ y tiene un alcance menor que la del primer inciso[104]. En efecto, la retroacción de efectos de la extinción se refiere a los casos de nulidad, si existe cese de la convivencia, separación y divorcio. También comprendería la causa del art. 232-16.1 letra a CCCat consistente en la separación de hecho durante como mínimo seis meses. Además de tratarse de una retroacción de efectos más restringida, debe solicitarse a instancia de parte.

3.2. Efectos de la retroacción

¿Qué supone la retroacción de efectos de la extinción al momento de presentación de la demanda o al cese de la convivencia, *esto es, cuáles son los efectos de la retroacción?* Implica, en esencia, que la expectativa se consolida en el derecho de crédito a participar en las ganancias en un momento anterior a la extinción. Así, la carga de informarse recíprocamente se transforma en deber jurídico a partir del momento de presentación de la demanda o de cese de la convivencia[105]. Además, no tendrán trascendencia jurídica las modificaciones que experimente el patrimonio de los cónyuges desde ese momento (uno u otro), puesto que el momento para determinar la composición de patrimonio final e inicial y la determinación de las ganancias, cuando se inicie la liquida-

[103] Deschenaux, H. / Steinauer, P.-H. / Baddeley, M., *Les effets du mariage*, pp. 503-504.

[104] Algún sector doctrinal ya había considerado que no era descabellada su introducción, Casas Vallés, R., "Comentario a l'art. 53 CF", p. 293.

[105] El § 1379 I BGB retrotrae los efectos del deber de información recíproco al momento del cese de la convivencia. Ésta es una norma introducida en la reforma de 2009 (Brudermüller, G., "Die Neuregelungen im Recht des Zugewinnausgleichs ab 1.9.2009", p. 1188).

ción, es ese[106]. La retroacción de efectos, sin embargo, no afecta a la validez y eficacia de los actos y negocios jurídicos que hayan celebrado los cónyuges con terceros, salvo que se impugnaran por fraude al crédito de participación o tuvieran, algunos de ellos, que reducirse o suprimirse de acuerdo con lo previsto en el art. 232-24 CCCat[107]. La retroacción de efectos del nacimiento del derecho de crédito de participación es limitada en el sentido de que no se retrotrae el mismo al inicio del régimen sino sólo al momento temporal que fija el art. 232-17 CCCat.

En caso de retroacción de los efectos, el régimen de separación de bienes regirá, en su caso, si existe matrimonio, desde la interposición de la demanda o desde el cese de la convivencia.

Por otro lado, la retroacción de efectos no supone que el *dies a quo* del cómputo de las acciones previstas en el art. 232-24 CCCat varíe. En efecto, éste se mantiene en el momento en que se decrete la extinción del régimen. A él no alcanzan los efectos de la retroacción[108]. La norma del art. 122-1.3 CCCat es imperativa y, además, el art. 122-5.1 CCCat establece el momento del inicio del cómputo, si no hay normas específicas al respecto, como en el caso que tratamos.

---

106 Casas Vallés, R., "Comentari a l'art. 53 CF", p. 293.

107 Debe dejarse constancia que, si bien en la regulación de la compensación económica por razón de trabajo, en el régimen de separación de bienes, el legislador ha introducido una norma similar a ésta, la del art. 232-9 CCCat, no ha reproducido, en cambio, la norma que postula la retroacción de los efectos de la extinción del régimen, si bien el fundamento que la justifica también tiene razón de ser en materia de compensación. A nuestro modo de ver, el motivo de esta ausencia, estriba en que el legislador tuvo en cuenta a la hora de modificar las reglas de la compensación la regulación que establecía la CDCC sobre el régimen de participación en las ganancias y, en éste, no existía ninguna norma referente a la retroacción de efectos como tampoco existe en el CCE, extremo que criticaba, en su momento, atinadamente la doctrina (Morales Moreno, A. M., "Comentario al art. 1415 CC", p. 1821).

108 En el mismo sentido, Casas Vallés, R., "Comentari a l'art. 53 CF", p. 294.

V. LIQUIDACIÓN DEL RÉGIMEN DE PARTICIPACIÓN

En punto a la liquidación del régimen tras una breve presentación (1.), nos centraremos en la composición de patrimonio final e inicial (2.) y en la determinación del valor del incremento patrimonial (3.).

1. PRESENTACIÓN DE LA LIQUIDACIÓN

Tras una introducción general a la liquidación (1.1.) procede referirse a qué deba entenderse por "valor" del bien (1.2.) para, seguidamente, plantear el extremo que concierne a los aumentos y a las disminuciones de valor de los bienes (1.3.).

1.1. Introducción

El art. 232-18 CCCt es el primer precepto de la subsección dedicada a la liquidación del régimen de participación. Este precepto se corresponde con el art. 54.1 CF y con el art. 53.1 CDCC. Este último precepto no hacía ninguna referencia a "patrimonio final" e "inicial", sino a "determinación de las ganancias". La referencia a estos patrimonios aparece por vez primera en el CF. Literalidad muy similar a la del art. 232-18 CCCat es la del art. 1417 CCE. A partir de este precepto se regulan las operaciones de liquidación del régimen de participación tendentes a determinar el valor de las ganancias, lo que a su vez entraña el nacimiento del derecho de crédito de participación pues, hasta ese momento, tan sólo los cónyuges ostentaban una expectativa de derecho. Por su parte, en los Principios europeos de derecho de familia concernientes a las relaciones patrimoniales entre cónyuges se diferencia entre "bienes reservados" que serían los que se corresponderían con los que componen el "patrimonio inicial" y "bienes adquiridos" que serían los que se corresponden con el "patrimonio final". Debe ponerse de relieve que la mayor parte de bienes corresponden a la primera categoría, de suerte que los bienes adquiridos constituyen un valor notoriamente inferior si se compara con los derechos europeos que regulan, como régimen matrimonial legal supletorio, el régimen de participación [Principio 4:17 (2)].

Para poder determinar el valor de las ganancias debe tenerse en cuenta la composición de los respectivos patrimonios de cada uno de los cónyuges. La fórmula parece sencilla: ganancia es la diferencia entre el valor del patrimonio final y del inicial o, con otras palabras, es la cantidad en la que el valor del patrimonio final supera al del inicial (§ 1373 BGB). Sólo existe "ganancia" si el valor del patrimonio final es superior al del inicial. En la valoración tanto del patrimonio final como del inicial se toma en consideración el "activo" una vez deducido el "pasivo", lo cual aporta un "valor neto" del patrimonio de cada uno de los cónyuges. La composición del patrimonio final se regula en el art. 232-19 CCCat y la del patrimonio inicial en el art. 232-20 CCCat. En el primer supuesto, se diferencia entre patrimonio final "real" y "ficticio"; en el segundo, entre patrimonio inicial "originario" y "sobrevenido". Los bienes que se considera que forman parte del patrimonio final e inicial no son exclusivamente los bienes existentes en el momento de la extinción o del inicio del régimen respectivamente. En el patrimonio final se tiene en cuenta de forma "ficticia" el valor de concretos bienes que han salido del patrimonio (art. 232-19.2 CCCat) y en el inicial se tiene en cuenta el que denominamos patrimonio inicial "sobrevenido" (art. 232-20.2 CCCat). Al final, pues, se obtiene un valor en concepto de ganancia que, en parte, es ficticio.

El "activo" de ambos patrimonios se compone de aquellos "bienes" que existan en un momento temporal concreto (art. 511-1.1 CCCat: "*cosas y derechos patrimoniales*"). Para el patrimonio final ese momento es el de la extinción y para el patrimonio inicial es el del inicio del régimen; momento, debe recordarse, en el que se ha aportado un inventario (art. 232-14 CCCat). Además, hay que tener presente el estado material de los bienes que, en el caso del patrimonio final, es el estado material que tengan los bienes en el momento de la extinción (art. 232-19.1 CCCat) y, en el caso del patrimonio inicial, es el estado material que tengan en el momento en que se inició el régimen (art. 232-20.3 CCCat). Para fijar el valor de los bienes la regla que se tiene en cuenta, cuando se trata de bienes que forman parte del patrimonio final, es el valor que tengan en el momento de la extinción del régimen (art. 232-19.3 CCCat), momento que, en virtud de la regla de la retroacción establecida en el art. 232-17 CCCat, cuando el régimen termina por resolución judicial, es el momento de interposición de la demanda o, a petición de los cónyuges o de sus herederos, el momento en el que cesó la convivencia; mientras que, cuando se trata de bienes que componen el patrimonio inicial, la regla es que se valoran también en el momento de la extinción del régimen con las precisiones que hemos hecho respecto de la retroacción de efectos; aunque como acabamos de afirmar, el estado material que se tiene en cuenta es el que presentaban los bienes al inicio del mismo (art. 232-20.3 CCCat). De todos modos, debe recordarse que estas reglas pueden alterarse en virtud de la autonomía privada de los cónyuges, como expusimos en el lugar oportuno[109], en función de la mayor o menor solidaridad que a aquéllos merezca su unión matrimonial. Los distintos momentos de valoración de los bienes, según formen parte del patrimonio final o inicial inciden en la contabilización o no de los aumentos y las disminuciones de valor de los bienes en uno de esos patrimonios, con el consiguiente mayor o menor incremento patrimonial en el cual el cónyuge, en su caso, pueda participar[110]. En el régimen de participación se contabilizan valores, lo cual no significa que, en el momento del pago, no se pueda satisfacer el derecho de crédito con bienes del cónyuge deudor (art. 232-22.1 CCCat).

Los sujetos que intervienen en la liquidación son los cónyuges o, en su caso, sus herederos. Los acreedores sólo intervienen en caso de que haya bienes en comunidad ordinaria y se procediera a la división de los mismos como una operación liquidatoria más. Según el art. 552-12.3 CCCat los acreedores pueden concurrir a la división pero no la pueden impedir y sólo si ésta se hace en fraude de sus derechos podrán impugnarla. Así pues, los acreedores sólo intervienen en relación a la división de concretas comunidades ordinarias, pero no respecto de la liquidación del régimen de participación.

Cuando se llevan a cabo las operaciones liquidatorias pueden corregirse aquellos errores que presenta el inventario aportado al inicio del régimen (art. 232-14 CCCat) ya sea en sede judicial o extrajudicial, habida cuenta que la liquidación del régimen la pueden llevar a cabo las partes directamente o bien que se haga mediante el inicio de un proceso judicial. Así, si relacionamos la liquidación con las causas de extinción del régimen de participación, debe advertirse que, en el caso de las causas de extinción necesarias, concretamente, en caso de que se extinga por nulidad, separación judicial o divorcio, los cónyuges pueden solicitar en el mismo proceso matrimonial la liquidación del régimen económico matrimonial; mientras que, en el supuesto de que se extinga por resolución judicial, no. La liquidación del régimen debe solicitarse en un proceso judicial posterior y no podría acumularse al proceso en el que se solicita la extinción del régimen por alguna de las causas que el art. 232-16.2 CCCat establece.

---

[109] Vid. epígrafe II, 3.2.3.

[110] Vid. epígrafe V, 2.

Una vez practicadas las operaciones liquidatorias y determinado el valor del incremento patrimonial, se plantea la cuestión de qué sucede si se advierten errores en las mismas, ya sea porque se consignó un valor en relación con un bien que no era correcto, o se omitió la contabilización del valor de un bien o eran incorrectas las operaciones aritméticas. Parece que, en estos casos, no es necesario reabrir todo el proceso de liquidación del régimen y que bastaría con introducir las correcciones necesarias, si ambas partes están de acuerdo[111]. Otra cuestión es que se impugne la liquidación por cualquiera de ellas y se haga judicialmente, en cuyo caso, en función de lo que soliciten las partes, el juez puede decidir reabrir todo el proceso.

1.2. Concepto de "valor" del bien

Presentada la liquidación, antes de entrar en la composición del patrimonio final e inicial y las cuestiones que suscitan los aumentos y disminuciones de valor de los bienes, conviene detenerse, siquiera de forma breve, en el concepto de "valor" del bien que tiene en cuenta el legislador catalán. Hay que partir de la base que, en sede de régimen de participación a diferencia de otros derechos, como es el suizo, no ha introducido norma alguna en la que se establezca qué entiende aquél por valor del bien. En efecto, en aquel ordenamiento, el art. 211 CCS especifica que el valor del bien, a efectos del cálculo del "beneficio", esto es, la ganancia, es el valor venal del bien. El valor venal es el valor en venta, si bien el propio legislador ha hecho una excepción a favor de las empresas agrícolas, en cuyo caso, los arts. 212 y 213 CCS consideran determinante el valor del rendimiento de las mismas.

En el derecho catalán qué deba entenderse por "valor" del bien puede, a nuestro entender, derivarse de las normas reguladoras de la rescisión por lesión. Así, el "valor" al que se refiere el precepto debe entenderse como el "valor en venta" o "precio justo" (arg. ex arts. 321 y 323.3 CDCC) que tendría el bien en un momento y estado material y jurídico determinado puesto que el bien puede estar gravado con un determinado derecho real, la determinación del valor del bien debe tener en cuenta el valor del bien gravado. Los cónyuges, no obstante, pueden fijar criterios específicos en relación con el valor a atribuir a los bienes o establecer un valor concreto. Estos pactos entrarían dentro del ámbito de su autonomía de la voluntad (art. 111-6 CCCat).

El valor en venta del bien debería ser un "valor neto", esto es deberían deducirse los eventuales impuestos o tasas que no formen parte del precio que se obtendría por la venta del bien en cuestión. El precio se fija teniendo en

---

[111] Este parece ser el supuesto que contempla Morales Moreno, A. M., "Comentario al art. 1418 CC", p. 1836.

cuenta aquél que se obtendría en relación con bienes idénticos, similares en la misma localidad (arg. ex art. 323.2 CDCC). Según el bien de que se trate, el precio tendrá ya en cuenta su rendimiento o utilidad[112], la demanda del mismo en el mercado de que se trate, si consiste en un bien inmueble su situación geográfica, determinados índices (así, por ejemplo, el índice de precios de la vivienda), etc... Sea lo que fuere, es probable que se tenga que recurrir al criterio de expertos o de conocidas sociedades de tasación[113], cuestión ésta que deberá determinarse caso por caso.

El valor atribuible a los derechos de crédito deberá tener en cuenta, entre otros conceptos, las garantías constituidas y la solvencia del deudor (arg. ex art. 1529-1530 CCE). También será importante si se trata de un crédito litigioso o no (art. 1535 CCE) o de cuya existencia o legitimidad se dude (art. 1529 CCE).

En el caso de derechos reales limitados, su valor resultará de la capitalización del valor de los años que queden tomando como base el interés legal del dinero en ese momento (vid. arts. 563-3.3, 565-13.3 CCCat). Es muy probable que, en estos supuestos, tenga que recurrirse también a peritos.

1.3. Aumento y disminución de valor del bien

Otro de los aspectos claves que conciernen a la valoración de los bienes, tanto en relación con el patrimonio final como el inicial, es el relativo al momento de la valoración porque ello va a incidir en la contabilización o no de los aumentos o las disminuciones de valor de los bienes en el patrimonio final con la consiguiente participación o no del otro cónyuge. "Plusvalía" de un bien, a efectos del régimen de participación, es la diferencia entre dos valores

---

[112] MORALES MORENO, A. M., "Comentario al art. 1421 CC", pp. 1837-1838.

[113] La *Orden ECO/805/2003, de 27 de marzo, sobre normas de valoración de bienes inmuebles y de determinados derechos para ciertas finalidades financieras* (BOE núm. 85, de 9 de abril de 2003) considera, en el art. 4, como valor de mercado del bien inmueble: "*Valor de mercado o venal de un inmueble (VM).* Es el precio al que podría venderse el inmueble, mediante contrato privado entre un vendedor voluntario y un comprador independiente en la fecha de la tasación en el supuesto de que el bien se hubiere ofrecido públicamente en el mercado, que las condiciones del mercado permitieren disponer del mismo de manera ordenada y que se dispusiere de un plazo normal, habida cuenta de la naturaleza del inmueble, para negociar la venta. A tal efecto se considerará: a) Que entre vendedor y comprador no debe existir vinculación previa alguna, y que ninguno de los dos tiene un interés personal o profesional en la transacción ajeno a la causa del contrato. b) Que la oferta pública al mercado conlleva tanto la realización de una comercialización adecuada al tipo de bien de que se trate, como la ausencia de información privilegiada en cualquiera de las partes intervinientes. c) Que el precio del inmueble es consecuente con la oferta pública citada y que refleja en una estimación razonable el precio (más probable) que se obtendría en las condiciones del mercado existentes en la fecha de la tasación. d) Los impuestos no se incluirán en el precio. Tampoco se incluirán los gastos de comercialización".

que presenta un bien: el valor que se contabiliza en el patrimonio final y en el inicial cuando esa diferencia arroja un resultado positivo. Si fuera negativo se trataría de una "minusvalía". Por tanto, no reciben la consideración de "plusvalía" aquellos aumentos o disminuciones del valor de los bienes que sólo acontecen dentro de un mismo patrimonio valorados en momentos diferentes. Éstos tendrán su reflejo en el valor del bien que finalmente se contabilice en el patrimonio ya sea inicial o final.

Aunque los extremos específicos al respecto los trataremos en el lugar oportuno, sí conviene advertir, en este lugar, que deben distinguirse tres supuestos de aumentos o disminuciones del valor de los bienes:

- aquéllos que obedecen a las variaciones del poder adquisitivo del dinero, cuestión ésta directamente ligada al principio nominalista que rige nuestro sistema monetario (art. 1170 CCE);
- aquellos aumentos de valor que proceden de la actividad de los cónyuges y que implican una transformación del estado material del bien. Son las "mejoras". Las minusvalías procedentes del "deterioro" de los bienes sean o no consecuencia de la actividad de los cónyuges, exista o no en la misma intención de disminuir la ganancia participable, o procedan del paso del tiempo;
- aquellos aumentos o disminuciones del valor de los bienes provenientes de las variaciones del mercado (v. gr. el aumento de valor del bien es como consecuencia de un nuevo planeamiento urbanístico o del cierre de un matadero que existía en el barrio, un cambio del valor de las acciones en la bolsa).

Las plusvalías y minusvalías del primer tipo se corresponderían con un concepto "económico" o "monetario"; mientras que las segundas y las terceras se comprenderían dentro del concepto de plusvalía o minusvalía en sentido "jurídico"[114]. A efectos del régimen de participación en las ganancias las segundas tendrían la consideración de "plusvalías/minusvalías" en todos los sistemas jurídicos que regulan este régimen; no lo serían los aumentos o disminuciones de valor de los bienes en el primer y en el tercer supuesto sólo tendrían esta consideración en el derecho alemán y del CCE; pero no en el derecho francés ni en el catalán.

En esta dirección, hay que diferenciar, dentro de los ordenamientos jurídicos que han inspirado al legislador catalán, varios grupos:

[114] Las primeras son denominadas por la doctrina alemana como "ficticias", las segundas y terceras como "reales" [Koch, *Münchener Kommentar zum BGB*, (§ 1373 Zugewinn), n. 7, beck-online; Schwab, D., *Familienrecht*, p. 135]. Camacho Clavijo, S. "La construcción de un concepto teórico de plusvalía en el régimen de participación en las ganancias", ADC en prensa.

i) El primero es el representado por el BGB y el CCE en los que la ganancia es igual a patrimonio final menos patrimonio inicial. En el patrimonio final se consignan los bienes en el estado material final con su valor final y en el patrimonio inicial los bienes que se tenían al inicio del régimen en el estado material inicial, subsistan o no en el momento final, actualizando los importes a este momento. De esta forma, los aumentos o disminuciones de valor procedentes de las variaciones del poder adquisitivo del dinero no se contabilizan en el patrimonio final, sino en el inicial. Los aumentos de valor procedentes de mejoras, llevadas a cabo por los cónyuges, se tendrían siempre en cuenta en el patrimonio final. Ésta sería la "plusvalía" en sentido estricto o a efectos del régimen de participación en las ganancias. Como también constarían en éste los aumentos o disminuciones de valor procedentes de las fluctuaciones del mercado.

ii) El segundo es el sistema del CCF donde la ganancia es también patrimonio final menos patrimonio originario; sin embargo, el sistema de determinación difiere. En efecto, en el patrimonio final, se sitúan los bienes que existen en el momento de la extinción valorados en el momento de la liquidación en el estado que tuvieran en el momento de la extinción; mientras que en el patrimonio originario aparecen los bienes que existían al inicio del régimen pero valorados en el momento de la liquidación en el estado material que tuvieran al inicio. En ese sentido, los aumentos o disminuciones de valor de los bienes procedentes de las variaciones procedentes del poder adquisitivo del dinero así como de las fluctuaciones del mercado figurarían en el patrimonio inicial[115]. Los aumentos de valor como consecuencia de mejoras aparecerían en el patrimonio final.

iii) El tercer sistema es el propio del CCS y del CCQ, en el que la ganancia viene representada por la diferencia entre "bienes adquiridos" ("*acquêts*"), durante la vigencia del régimen por cada uno de los cónyuges y los "bienes propios", y es la ley la que se encarga de determinar las reglas acerca de la contabilización de las plusvalías de los bienes provocadas como consecuencia del gasto que realiza un cónyuge en los bienes titularidad del otro y de los aumentos de valor provocados por las fluctuaciones del mercado o del precio del dinero. Así, por ejemplo, el art. 206 CCS diferencia entre el aumento de valor que tiene un bien como consecuencia de una mejora realizada en el mismo del aumento de valor que sufre el bien mejorado como derivación de las fluctuaciones

[115] Beignier, B., *Régimes matrimoniaux*, p. 235.

del precio del dinero. El sistema de cálculo helvético de las plusvalías es, con palabras de la doctrina de ese país, ciertamente complejo[116].

El sistema catalán, en la contabilización de los aumentos o disminuciones de valor de los bienes, sigue el patrón galo, con la diferencia de que no se valoran los bienes que componen el patrimonio inicial en el momento de la liquidación del régimen, sino de la extinción. En esta dirección, es un sistema, el catalán, como el francés, que, en principio, contabiliza en el patrimonio final menos aumentos de valor de los bienes, que el sistema del BGB o del CCE, como veremos en el lugar oportuno[117], lo que implica un menor incremento patrimonial en el que participar.

Para poder entender mejor cómo se contemplan éstas, por los legisladores, conviene fijarse fundamentalmente en el patrimonio inicial "originario", pues, el momento en que se valoren los bienes que formen parte del mismo determinará qué plusvalías o minusvalías se contabilizarán en el patrimonio final conduciendo a un incremento patrimonial mayor o menor en el cual se pueda participar. En este importante extremo, sobre el que pivota el régimen de participación, los sistemas jurídicos que lo regulan divergen[118].

2. DETERMINACIÓN DEL PATRIMONIO FINAL Y DEL INICIAL

Respecto de la determinación del patrimonio distinguiremos, como hacen los arts. 232-19 y 20 CCCat, entre el patrimonio final y el inicial (2.2.) empezando por el final (2.1.). Tanto los derechos foráneos, que han recogido este régimen económico matrimonial como el CCE, regulan, en primer término, la composición del patrimonio inicial o también llamado, por el CCF, "originario". El derecho catalán es el único que empieza regulando la composición del patrimonio final, lo que no deja de tener sentido, habida cuenta de que el valor de la ganancia se determina por la diferencia entre el valor del patrimonio final y del inicial, por tanto, trata, en primer lugar, del minuendo y, después, del sustraendo de la operación aritmética que ha de realizarse para obtener la cantidad que en concepto de valor de la ganancia se asigna al patrimonio de cada uno de los cónyuges.

Por otra parte, debe tenerse presente que de lo que se trata es de determinar el valor del patrimonio final y el del inicial pues, como hemos afirmado, la participación en las ganancias no comunica bienes sino valores patrimoniales.

---

[116] DESCHENAUX, H. / STEINAUER, P.-H. / BADDELEY, M., *Les effets du mariage*, pp. 514 ss.

[117] Vid. epígrafe V, 2.2.

[118] Vid. el epígrafe I.2 donde se encuadra, desde el punto de vista de los sistemas jurídicos que regulan el régimen de participación, el sistema de cálculo de los aumentos o disminuciones del valor de los bienes.

2.1. Patrimonio final

En primer lugar, abordaremos su composición, esto es, tanto su activo como su pasivo (2.1.1.) y, en segundo término, nos dirigiremos a determinar la valoración de los bienes y a tratar el tema de los aumentos y disminuciones de valor que los mismos hayan experimentado, si es el caso (2.1.2.). Así, tendremos el valor final neto del patrimonio final, el cual, puede ser un valor positivo, puede ser cero o bien puede ser un valor negativo.

2.1.1. Composición

A la determinación del valor del patrimonio final se refiere el art. 232-19 CCCat cuyo precedente es el art. 55 CF que, a su vez, es trasunto del art. 54 CDCC y del art. 1422 CCE (art. 10 CFA).

El patrimonio final que se considera a efectos de determinar la ganancia no coincide necesariamente con el patrimonio final "real" que tengan los cónyuges en el momento de la extinción del régimen o con anterioridad a este momento si se da la retroacción de efectos de la extinción prevista en el art. 232-17 CCCat. Por ello, debe distinguirse entre patrimonio final "real" y "ficticio".

a) Patrimonio final "real"

- *Bienes que pertenezcan a los cónyuges en el momento de extinción del régimen*

Comprende el valor de los bienes (cosas y derechos) que se tuvieran en el momento de la extinción del régimen -o con anterioridad en caso de retroacción de los efectos de la misma- en el estado material, en el caso de las cosas, que tuvieran y valorados en ese momento (art. 232-19.3 CCCat). Se incluye el valor de los bienes adquiridos con rentas derivadas del trabajo de cada uno de los cónyuges y las mismas rentas en la medida en que no se hayan gastado. Se equiparan a estas rentas del trabajo, la percepción de rentas periódicas en concepto de pensiones públicas, aunque quizá deberían excluirse las pensiones de jubilación u otras de carácter personalísimo[119] pues no tienen que ver con el matrimonio. En este sentido, el art. 56.1 letra b CF consideraba que eran una partida del patrimonio inicial sobrevenido y en él debería haberlas mantenido el legislador catalán.

[119] BALLESTER GINER, E., "El régimen", p. 1399.

Se incluyen los seguros si el beneficiario es uno de los cónyuges[120]. También comprende las cuotas indivisas derivadas de las presunciones de comunidades ordinarias que establece el art. 232-4 CCCat. Estos bienes son los que se consideran "adquiridos" en virtud del Principio 4:18 (1) respecto de las relaciones patrimoniales entre cónyuges. Se añade, en el segundo apartado del mismo Principio, una presunción de que los bienes se presumen "adquiridos" salvo que se pruebe que son bienes "reservados".

Dentro de los bienes que se contemplan en el patrimonio final "real", se comprende el valor de los *bienes personales o de uso profesional* de cada uno de los cónyuges. En sede de comunidad de bienes, estos bienes se consideran de bienes privativos y no comunes (art. 232-32 letra e CCCat), aunque en su adquisición se hayan empleado bienes comunes y, por tanto, se excluyen del reparto final de éstos. En el régimen de separación de bienes, en caso de titularidades dudosas, los bienes referidos se consideran de titularidad privativa del cónyuge que los venía utilizando (art. 232-4 CCCat) y no de titularidad común (comunidad ordinaria). En cambio, en el régimen de participación se incluyen, ¿no deberían excluirse también del activo a efectos de determinar el valor neto del patrimonio final "real"?[121]. Una interpretación posible sería aplicar supletoriamente las normas del régimen de separación, de acuerdo con el art. 232-13.3 CCCat, y, al final, acabarían también excluyéndose.

Una cuestión similar se suscita en torno a los bienes que conforman el *ajuar doméstico*. Así, en el régimen de separación de bienes, según el art. 232-3.2 CCCat y el art. 232-4 CCCat, en caso, de nuevo, de titularidades dudosas, son bienes sobre los cuales se constituye una comunidad ordinaria, si el régimen se extingue en vida de los cónyuges. En caso de muerte, el art. 231-30.1 CCCat contempla la adjudicación del ajuar doméstico como un beneficio viudal familiar. En este último supuesto, ¿no deberían excluirse del cálculo de la ganancia cuando el régimen de participación se extingue por muerte o declaración de fallecimiento de uno o de los dos cónyuges para evitar una doble atribución? De hecho, quizá por el destino o la función que desempeñan los bienes que constituyen el ajuar doméstico, deberían tener un tratamiento jurídico específico, independientemente del régimen económico que tenga el matrimonio, para el caso que éste se extinga por nulidad, separación judicial, divorcio[122].

---

[120] Algarra Prats, E., *El régimen*, p. 219.

[121] Entiende que estos objetos no deberían ser contabilizados a efectos del crédito de participación, Morales Moreno, A. M., "Comentario al art. 1417 CC", p. 1834.

[122] El § 1568b BGB tiene una norma específica al respecto, de ahí que se excluyan del patrimonio final en el régimen de participación (Schwab, D., *Familienrecht*, p. 131).

Los *bienes adquiridos con pacto de supervivencia* han sido excluidos a efectos del cómputo del valor del incremento patrimonial (art. 232-19.1 CCCat)[123]. La exclusión había sido planteada por un sector doctrinal con el argumento de que, si se tuvieran en cuenta, en realidad, se tendrían en cuenta dos veces a efectos de la determinación del crédito de participación y no una[124]. Hay que tener en cuenta que, a tenor del art. 231-18.1 letra b CCCat, la declaración de nulidad del matrimonio, separación judicial o de hecho y el divorcio suponen la extinción del pacto de supervivencia. Por tanto, en caso de que estas fueran las causas de extinción del régimen, como sobre el bien habría una comunidad ordinaria indivisa, cada cónyuge consignaría en su patrimonio final el valor de esa cuota.

En los casos en que el régimen de participación se extinga por otra causa que no sea la muerte o declaración de fallecimiento de cualquiera de los cónyuges, éstos podrían contar con el valor de la cuota, que no ha de ser de igual valor para cada uno de ellos, en el activo del patrimonio final, no se ve razón para que ello no pudiera ser así.

El único supuesto donde podría existir una doble atribución sería para el caso de que el régimen se extinguiera por muerte o declaración de fallecimiento de uno de los cónyuges, ya que el sobreviviente, contaría con el valor total del bien en el activo del patrimonio final y, de nuevo, el valor de su cuota, en el activo del patrimonio inicial, si es que el bien se adquirió con ese pacto al inicio del régimen, porque si fue durante la vigencia del régimen sólo constaría en el activo del patrimonio final.

Otra interpretación sería entender que los bienes adquiridos con pacto de supervivencia tienen su propio régimen y, por ello, se sustraen de las reglas de liquidación del régimen de participación.

- *Deducción de cargas y obligaciones*

El "pasivo" del patrimonio final "real" consiste en el valor de las "*cargas*" que afecten a los bienes que constan en el activo y en el valor de las "*obligaciones*" no satisfechas[125]. El pasivo que comprende el art. 232-19.1 CCCat es más amplio que el que contemplaba el art. 55.1 CF. En efecto, este precepto establecía que debían deducirse las obligaciones y el valor de los gravámenes

---

[123] En el art. 48.2 CF se consideraban aplicables al régimen de participación las normas sobre compras con pacto de supervivencia. En el CCCat también puesto que se regulan en la sección dedicada a las "relaciones económicas entre los cónyuges". La diferencia entre el CF y el CCCat estriba en que el primero no excluía, en el art. 54, de la determinación del patrimonio final a estos bienes; mientras que el segundo sí las excluye de modo expreso como indicamos en el texto.

[124] CASAS VALLÉS, R., "Comentari a l'art. 55 CF", p. 282.

[125] El art. 1422 CCE no contempla la deducción de las cargas o gravámenes; tan solo el valor de las obligaciones no satisfechas.

"constituidos en garantía de las deudas particulares de cualquiera de los cónyuges", en cambio, el art. 232-19.1 CCCat no diferencia entre deudas particulares y deudas familiares. Luego, se deduce el valor de las cargas constituidas en garantía tanto de deudas particulares de cada uno de los cónyuges como de deudas el valor de las derivadas de gastos familiares. Por otro lado, el art. 232-19.1 CCCat contabiliza cualquier "carga" que afecte a un bien y no sólo gravámenes constituidos en garantía del cumplimiento de una obligación como indicaba el art. 55.1 CF. Por tanto, a tenor del vigente precepto del CCCat, también debe deducirse el valor de los derechos reales limitados independientemente de que se hayan constituido en garantía del cumplimiento de una obligación o no. Por su parte, el Principio 4:21 también deduce de los bienes adquiridos las deudas contraídas.

Por otro lado, en determinado tipo de cargas, aquellas constituidas en garantía del cumplimiento de una obligación (v. gr. un derecho real de hipoteca) se contaría el valor del gravamen, o sea, de la hipoteca y el valor de la obligación en cuya garantía se ha constituido aquélla. El valor de ambos no tiene porqué coincidir; sin embargo, en estos casos, quizá sería suficiente con que constara uno de ellos y no ambos.

Una cuestión particular se suscita en relación con las deudas contraídas con ocasión de gastos familiares. En este caso, frente a terceros, deudor es aquel cónyuge que ha contraído la deuda, pero, según el art. 231-8 CCCat, responsables solidarios son los dos cónyuges. Así, el cónyuge deudor haría constar el valor de la obligación no satisfecha en concepto de gasto familiar y el otro cónyuge la haría constar, en cuanto, él vendría a ser un fiador solidario.

Los derechos de crédito y deudas que tuvieran los cónyuges entre sí también se tendrán en cuenta a efectos de la determinación del valor del incremento patrimonial (v. gr. en caso de mejoras introducidas por el cónyuge no titular del bien). Para uno de los cónyuges constará en el activo el derecho de crédito; para el otro, constará en el pasivo como una deuda (cfr. art. 1426 CCE). En el mismo sentido se contempla en el Principio 4:22.

b) Patrimonio final "ficticio"

- *Valor de los bienes de los que se haya dispuesto a título gratuito durante la vigencia del régimen*

Al valor del patrimonio "real" neto debe añadirse ficticiamente, en primer término, "*el valor de los bienes dispuestos a título gratuito durante la vigencia del régimen*"[126], disposición que no haya sido consentida por el cónyuge no titular, a excepción de las liberalidades de uso (art. 232-19.1 letra a CCCat). Esta partida del patrimonio final "ficticio" también aparece recogida en el art. 1423 CCE, § 1375 II 1 BGB, art. 1573 CCF y en el art. 55 letra b CF, si bien con algunos cambios. Así, se suprime el inciso, que contenía este último precepto, a la renuncia a consignar el valor de los bienes enajenados a título gratuito por el consorte sin su consentimiento. Esta supresión nos parece acertada por redundante. En efecto, consentir que el cónyuge enajene bienes a título gratuito, en realidad, significa renunciar a que el valor de esos bienes se tenga en cuenta, de modo ficticio, a los efectos de determinar el valor del incremento patrimonial tenido por el cónyuge en el momento de extinción del régimen (o, en su caso, con anterioridad, si se da la retroacción de efectos prevista en el art. 232-17 CCCat)[127]. Por tanto, consentir las enajenaciones y renunciar a que se contabilice su valor, en el precepto, significan jurídicamente lo mismo. Por ello, con buen criterio el legislador ha suprimido la referencia a la renuncia en el art. 232-19.1 letra a CCCat. Este precepto también ha suprimido la referencia que hacía el anterior art. 55 letra b CF a las "*donaciones otorgadas a algunos de los hijos del donante por razón de matrimonio o para facilitarles una ocupación*". En la nueva dicción no se excepcionan estas donaciones a los efectos de computar el valor de estos bienes donados, salvo que hubieran sido consentidas las disposiciones por el otro cónyuge[128]. Ahora, el tenor literal del art. 232-19.1 letra a CCCat se acerca más al del art. 1423 CCE que tampoco contempla este tipo de donaciones como excluidas del patrimonio final ficticio[129]. En cambio, el art. 232-6.1 letra b CCCat, a los efectos de la compensación económica, sí excluye del cómputo ficticio el valor de los bienes donados a hijos comunes como hiciera tanto el art. 55 CF como el art. 54.2 CDCC.

---

[126] Independientemente del tiempo que hubiera pasado entre el momento en que se llevó a cabo la disposición y el momento de la extinción del régimen. Así, por ejemplo, el § 1375 III BGB excluye del cómputo ficticio aquellas disminuciones de patrimonio que se dieron más allá de los diez años anteriores a contar desde que se extinguió el régimen económico matrimonial. En el mismo sentido se ha introducido en el art. 10.2 *i. f.* CFA. Quizá en el derecho catalán una norma similar se podría derivar del art. 451-5 letra b CCCat en materia de computación de donaciones u otros actos de disposición a título gratuito a efectos de cálculo de la legítima global, el cual establece el límite de los diez años precedentes a la muerte del causante. Más allá no se añade el valor de los bienes que hayan salido a título gratuito del patrimonio de éste.

[127] En nuestra opinión, éste no sería un pacto que tuviera que revestir carácter recíproco (vid. epígrafe II, 3.2.3).

[128] En relación con el art. 55 letra b CF se criticaba que exceptuando las donaciones a favor de los hijos (comunes o no comunes, puesto que la norma decía "hijos del donante") era una forma de disminuir las ganancias en perjuicio del otro cónyuge (Casas Vallés, R., "Comentari a l'art. 55 CF", p. 301).

[129] Es una partida que el art. 8.3 CFA no incluye ni en el patrimonio inicial ni en el final, siempre que se trate de donaciones a favor de parientes en línea recta. Vid. Principio 4:27.

En relación con las "liberalidades de uso", la consideración de las mismas y, por ende, la exclusión de su valor del patrimonio final ficticio, dependerá del nivel y usos de la familia (arg. ex art. 231-5.1, art. 231-8 CCCat).

Otras enajenaciones a título gratuito, aparte de la donación, podrían ser la renuncia gratuita a un derecho de crédito (arg. ex art. 111-6 CCCat), la renuncia a la prescripción ganada (art. 121-10 CCCat) o la renuncia al "ius delationis" (arg. ex art. 461-13.1 CCCat).

El cómputo del valor de estos bienes donados o de los que se ha dispuesto a título gratuito no afecta a la validez y eficacia de los mismos, sin perjuicio de que en un momento posterior, al no existir bienes suficientes en el patrimonio del cónyuge deudor, las donaciones y las atribuciones patrimoniales otorgadas en pacto sucesorio, puedan reducirse o suprimirse según advierte el art. 232-24.1 CCCat[130]. Los otros actos de disposición a título gratuito que no son los arriba mencionados y que son posteriores a la existencia del crédito de participación, no son oponibles a los terceros si resultan perjudicados (arg. ex arts. 111-6, 121-5, 531-14, 532-4 CCCat).

- *Valor de los bienes de los que se ha dispuesto a título oneroso durante la vigencia del régimen y el valor de las obligaciones o gravámenes si existe intención fraudulenta*

También consta en el patrimonio final "ficticio" el valor de aquellos bienes que se hayan sustraído del mismo por actos fraudulentos del cónyuge titular, en virtud de actos a título oneroso, durante la vigencia del régimen, independientemente del precio que se hubiera hecho constar, así como el valor de las obligaciones o de los gravámenes constituidos fraudulentamente (art. 232-19.2 letra b CCCat). La redacción dada al art. 232-19.2 letra b CCCat se corresponde con la del art. 1424 CCE, con la del art. 55 letra c CF y con la del art. 54.3 CDCC[131].

La finalidad de esta inclusión es evitar la disminución fraudulenta del valor del patrimonio final a efectos de la determinación del valor del incremento patrimonial. Se trata, por tanto, de evitar que aumente fraudulentamente el

[130] Casas Vallés, R., "Comentario al art. 232-19 CCCat", p. 748.

[131] En cambio, el art. 232-6.1 letra b CCCat en relación con el cálculo del incremento patrimonial a efectos de la compensación económica por razón de trabajo considera como valor ficticio que debe añadirse al patrimonio final neto, el valor del "detrimento" producido por actos (materiales y jurídicos) ejecutados con la intención de perjudicar al otro cónyuge. "Detrimento" debe entenderse como "daño" y no tiene porqué corresponderse con el valor de los bienes que salieran del patrimonio o con la constitución de gravámenes o deudas con intención de defraudar su derecho a la compensación o con el deterioro o destrucción de determinados bienes de forma fraudulenta. El art. 232-6.1 letra b CCCat guarda parecido con el § 1375 II 3 BGB, en el que se considera que forman parte del patrimonio final ficticio la disminución de valor provocada por "*Handlungen in der Absicht vorgenommen hat, den anderen Ehegatten zu benachteiligen*".

pasivo del patrimonio final. El valor del bien que se hace constar es el valor que tuviera el mismo, en el momento en que se dispuso de él a título oneroso, independientemente de que se hiciera constar como contraprestación un precio inferior o simulado, aunque fuera superior, en relación con el valor del bien. El cómputo del valor no afecta al acto realizado, ya sea la disposición del bien a título oneroso o la constitución del gravamen. Se trata de una operación contable, por lo que tan sólo interesa consignar el valor del bien o de la deuda o gravamen constituido fraudulentamente. Otra cuestión será que, si en el momento del pago del crédito de participación no existen bienes suficientes para satisfacerlo en el patrimonio del cónyuge deudor, el acreedor pueda impugnar los actos a título oneroso celebrados en fraude de su derecho (art. 232-24.1 inciso final CCCat).

- *Valor de los bienes destruidos o deteriorados*

En último término, debe añadirse el valor de los bienes destruidos y deteriorados siempre que se haga con la intención de disminuir fraudulentamente las ganancias del consorte (art. 232-19.2 letra c CCCat). Esta partida también se contemplaba en el art. 55 letra c CF. No existía en el art. 54 CDCC. En relación con este extremo, se plantea la cuestión de si un cónyuge no hace nada, viendo que su consorte destruye o deteriora bienes de su titularidad, debe interpretarse su comportamiento como que renuncia a que el valor de esos bienes consten en el patrimonio final "ficticio". Vendría a tener el mismo tratamiento que aquellas enajenaciones a título gratuito "consentidas" por el cónyuge no titular de los bienes. A nuestro entender, la pasividad de un cónyuge ante los comportamientos del otro que puedan perjudicar o comprometer gravemente sus intereses no implica, sin más, renuncia a que se compute el valor, si no va acompañada de otros actos de los que se pueda deducir inequívocamente que renuncia al mencionado cómputo. Por otro lado, como durante la vigencia del régimen, los cónyuges se encuentran en fase de lo que hemos denominado "expectancia", el cónyuge siempre podrá solicitar la extinción judicial anticipada del régimen de participación (art. 232-16.2 letra c CCCat). Si la destrucción o deterioro de los bienes se debe al paso del tiempo o por obra de la naturaleza no se consignará el valor de los bienes en el patrimonio final ficticio, sino en el real de acuerdo con el estado material que tuvieran en el momento de la extinción del régimen, como se verá en el epígrafe siguiente. Si el deterioro o la destrucción de los bienes obedece a una falta de conservación por el cónyuge titular y no existe intención de disminuir fraudulentamente las ganancias, el otro cónyuge sólo puede solicitar la extinción anticipada del régimen mediante resolución judicial por administración patrimonial irregular, ya que la falta de conservación puede comprometer gravemente sus intereses (art. 232-16.1 letra c CCCat).

El concepto de fraude al que se refieren las letras b y c del art. 232-19.2 CCCat debe entenderse en sentido subjetivo como intención de defraudar su derecho a participar en las ganancias. Comprometer gravemente los intereses de un cónyuge por una administración patrimonial irregular no implica necesariamente intención de defraudar y sólo legitima al perjudicado para solicitar anticipadamente la extinción del régimen de participación mediante resolución judicial (art. 232-16.2 letra c CCCat).

Todo aquello que un cónyuge ha dejado de ganar (lucro cesante) como consecuencia de una administración patrimonial irregular o, incluso, negligente, o la pérdida de cantidades de dinero importantes en juegos de azar, siempre que no exista intención de defraudar, no debe comprenderse como patrimonio final ficticio.

2.1.2. Estado y momento de valoración de los bienes

El art. 232-19 CCCat distingue entre el patrimonio final "real" y el "ficticio" a efectos de determinar el estado material de los bienes que debe tenerse en cuenta y el momento temporal a efectos de valoración de los mismos.

a) Patrimonio final "real"

En relación con el patrimonio final "real", el art. 232-19.1 CCCat establece que el estado material de los bienes es el que presenten en el momento de extinción del régimen o, si los efectos de ésta se retrotraen a un momento anterior en virtud de lo prescrito en el art. 232-17 CCCat, será el estado material que presenten en el momento de interposición de la demanda o, en su caso, en el momento que cesó la convivencia. El valor de los bienes que conforman el patrimonio final "real" es el que tenían en el momento en que se extinguió el régimen o, en su caso, como se ha advertido, un momento anterior (art. 232-19.3 CCCat)[132] y en el estado en que se encuentren en ese momento. Esta norma se

[132] Por su parte, el art. 232-6.1 letra a CCCat en relación con el cálculo de la compensación económica por razón de trabajo no establece ninguna regla en torno a la valoración y estado material de los bienes. A nuestro modo de ver, y de acuerdo con lo advertido en el epígrafe II, 2.2., debería entenderse aplicable la regla del art. 232-19.1 CCCat. En lo concerniente a los bienes referidos en la letra b del primer precepto mencionado, los bienes de los que se dispuso a título gratuito deben valorarse en el momento de la disposición, lo que advierte expresamente el precepto. Sin embargo, no dice nada respecto del estado material de los mismos, por ello, podría aplicarse la regla de la letra a del art. 232-19.2 CCCat que establece que el estado material a tener en cuenta es el del momento de la disposición. Respecto del detrimento producido por actos con intención de perjudicar, debe consignarse el valor, pero tampoco se establece el momento en el que se calcula el valor; entendemos que al recogerse el supuesto conjuntamente con las disposiciones a título gratuito, debe aplicarse la misma norma y el momento a tener en cuenta para calcular el valor del detrimento sería el momento en que los actos se realizaron. Además, coincidiría con las reglas establecidas en las letras b y c del art. 232-19.2 CCCat en sede de régimen de participación.

corresponde con el primer inciso del art. 1425 CCE que, a su vez, tiene como fuente inspiradora el § 1376 II BGB (art. 10.1 CFA). La extinción del régimen es el momento que se tiene en cuenta a efectos del valor que hay que consignar en relación con las deudas y las cargas que afecten a los bienes, aunque la norma del art. 232-19.1 y 3 CCCat literalmente se refiera tan sólo a los bienes y no aluda al pasivo del patrimonio final "real". En cambio, sí las contempla, de modo expreso, el art. 10.1 CFA.

El art. 55 CF establecía que el valor que debía tenerse en cuenta era el valor que tuvieran los bienes en el momento de la liquidación, no el momento de la extinción del régimen, a pesar de que el estado material de los bienes, sí se refería a ese momento. El art. 55 CF se correspondía con el art. 54 CDCC que abordaba la cuestión en el mismo sentido. El momento de la liquidación a efectos de la valoración de los bienes es tenido en cuenta por el art. 476.1 CCQ, el art. 1574.1 CCF y el art. 211 CCS. Ahora, también por el Principio 4:26 para estimular así que entre extinción y liquidación no pase demasiado tiempo ya que los riesgos de los aumentos y disminuciones de valor correrán a cargo o beneficio del cónyuge titular de los bienes[133], ya que podrá aumentar o disminuir el valor del patrimonio final y, consiguientemente, afectar directamente a la ganancia participable.

En este sentido, tanto la CDCC como el CF seguían estos sistemas a diferencia del CCE que seguía al BGB. Ahora, el derecho vigente, se alinea, como acabamos de indicar, con éstos últimos. El cambio, que opera el art. 232-19.3 CCCat respecto del momento de valoración de los bienes, pasando del momento de la liquidación al de la extinción del régimen es significativo[134], en el sentido de que, según el sistema anterior, los aumentos del valor de los bienes procedentes de las mejoras introducidas por los cónyuges o las disminuciones del valor como consecuencia de los deterioros, acaecidos en el período comprendido entre la extinción y la liquidación, se contabilizaban en el patrimonio final; mientras que tomar en cuenta el momento de la extinción, teniendo presente que la liquidación puede acontecer bastante tiempo después supone que las plusvalías debidas a mejoras o los deterioros que sufran los bienes corre a cargo o beneficio del cónyuge titular de los mismos sin contabilizarse en el patrimonio final.

Debe diferenciarse según la causa que origine el aumento o la disminución del valor de los bienes.

---

[133] Boele-Woelki, K. / Ferrand, F. / González Beilfuss, C. / Jänterä-Jareborg, M. / Lowe, N. / Martiny, D. / Pintens, W., *Principles of European Family Law Regarding Property Relations Between Spouses*, p. 190.

[134] Opina que con el cambio se gana en certeza, Casas Vallés, R., "Comentario al art. 232-19 CCCat", p. 748.

- *Aumentos y disminuciones del valor de los bienes como consecuencia de las variaciones del poder adquisitivo del dinero* ("económicas", "monetarias" o "ficticias")

Si el bien se adquirió durante la vigencia del régimen, esto es, no existía en el inicio del mismo, el aumento o disminución de valor del bien respecto del momento en el que se adquirió aparecerá reflejado en el valor final que se le atribuya al bien en el estado material que tuviera en ese momento.

Las que tengan que ver con bienes que formen parte del patrimonio inicial "originario" se contabilizan, como después veremos en el epígrafe 2.2.2., en ese patrimonio y no en el patrimonio final. Por tanto, los aumentos y disminuciones del valor que presentaran los bienes debidas a las variaciones del poder adquisitivo del dinero entre el inicio del régimen y la extinción del mismo no son participables, lo que no deja de tener sentido pues tanto en este aumento como en la disminución de valor no han intervenido los cónyuges. Por eso, no se toman en consideración a efectos de determinación de la ganancia. No son "matrimoniales" y no lo son en ninguno de los sistemas jurídicos que regulan el régimen de participación en las ganancias.

- *Plusvalías como consecuencia de "mejoras" introducidas por los cónyuges*

Tomar como referencia el estado material y el valor que tuviera el bien al término del régimen, implica tener en cuenta el aumento de valor como consecuencia de las "mejoras" introducidas en el mismo durante la vigencia del régimen. Estas plusvalías no se contabilizan en el patrimonio inicial "originario", sino que se tienen en cuenta en el patrimonio final "real". Esta es una regla que se aplica en los diferentes sistemas jurídicos que regulan el régimen de participación en las ganancias. Son las plusvalías por antonomasia en el régimen de participación.

Por otro lado, las normas el régimen de participación no resuelven las cuestiones relativas a las relaciones de crédito y deuda que las mejoras pueden generar, entre los cónyuges, si estas inversiones son llevadas a cabo por el cónyuge no titular. En este supuesto, podrían ser aplicables las reglas sobre la accesión según el caso (arts. 542-1 a 542-19 CCCat) y, en función de ellas, se tendrán en cuenta los respectivos derechos de crédito y deudas en el patrimonio final real de cada uno de los cónyuges. Cuando lo invertido sean cantidades de dinero, podría ser aplicable el art. 522-4 CCCat que regula la cuestión de los gastos útiles[135] en materia de posesión.

[135] Téngase presente que los gastos útiles implican mejoras en los bienes y éstas, a su vez, suponen aumentos de valor de los mismos.

El aumento del valor de los bienes, esto es, la plusvalía en sentido económico, puede deberse indirectamente a una inversión realizada por el cónyuge no titular del bien en el mismo, esto es, a una mejora derivada de un gasto útil. Así, una mejora introducida en el bien durante la vigencia del régimen que aumenta su valor, en el momento de la extinción el valor puede haberse triplicado. Si no se hubiera introducido la mejora, el valor del bien, en el momento de la extinción, tan sólo se habría duplicado. La cuestión es si el cónyuge inversor tiene derecho o no a participar en esa plusvalía "ficticia" derivada de la mejora realizada en el bien[136], salvo que pactaran otra cosa los consortes. Ni el derecho catalán ni el del CCE dicen nada al respecto, por lo que deberíamos decantarnos por la respuesta negativa[137]. En cambio, en el derecho suizo, el art. 206 CCS establece que si el bien, en el momento de la liquidación, momento en el cual se valoran los bienes en ese ordenamiento, presenta una plusvalía "coyuntural", esto es, "ficticia", el cónyuge no titular del bien que lo mejoró tiene derecho a participar en esa plusvalía en proporción a su inversión.

- *Aumentos y disminuciones de valor de los bienes como consecuencia de las fluctuaciones del mercado*

Debido al diferente momento de valoración de los bienes del patrimonio inicial "originario", en función del sistema jurídico regulador del régimen de participación que contemplemos, los aumentos o disminuciones del valor de los bienes como consecuencia de las fluctuaciones del mercado aparecerán reflejadas o no en el patrimonio final. Baste indicar en este lugar, puesto que este aspecto se desarrolla en el epígrafe 2.2.2., en relación con el patrimonio inicial, que en el régimen de participación recogido en el BGB y en el CCE estas plusvalías o minusvalías de los bienes aparecen contabilizadas en el patrimonio final; mientras que, en el regulado en el CCF y catalán, permanecen en el patrimonio inicial. En el primer caso, se puede afirmar que el régimen de participación es más solidario que en el segundo.

- *Disminuciones del valor de los bienes como consecuencia de "deterioros"*

El posible deterioro que sufran los bienes, que no se deba a la intención de disminuir fraudulentamente las ganancias (art. 232-19.2 letra c CCCat), afectará al estado material que tuvieran los bienes en el momento de la extinción y en su valoración constando ésta en el patrimonio final. De ahí la conveniencia de que se solicite información acerca de la gestión patrimonial durante la vigencia del régimen (art. 232-13.2 CCCat) y la posibilidad que se tiene de

[136] Quizá, a estos efectos, debería tenerse presente la procedencia de los fondos con los que se hizo la inversión.

[137] Tampoco se ocupan de ella ni el derecho alemán ni francés.

solicitar anticipadamente la extinción del mismo por gestión irregular que puede comprometer gravemente los intereses del cónyuge que la solicita (art. 232-16.2 letra c CCCat). Si el deterioro se debe a actividades que ha llevado a cabo el cónyuge no titular, se podrían aplicar las reglas en materia de posesión, en concreto, el art. 522-5 CCCat.

Si los deterioros son debidos a un comportamiento del cónyuge titular cuya intención es disminuir fraudulentamente la ganancia participable, se tiene, como hemos advertido, en cuenta ficticiamente el valor del bien en el patrimonio final. Entonces, puede existir, al menos parcialmente, una duplicidad contable, esto es, el bien "deteriorado" aparece, con su valor final, en el momento de la extinción del régimen y con su valor "sin el deterioro" en el momento en el que el deterioro se produjo (art. 232-19.3 CCCat).

b) Patrimonio final "ficticio"

En el caso de los bienes que constituyen el patrimonio final ficticio, debe tenerse en cuenta el estado material que tuvieran los bienes en el momento en que se dispuso de ellos (art. 232-19.2 letra a CCCat), se enajenaron (letra b) o bien en el momento en que se deterioraron o se destruyeron (letra c). Ese es, a su vez, el momento en el que deben valorarse los bienes. Para la constitución de gravámenes u obligaciones de forma fraudulenta, el valor a tomar en cuenta es el del momento en que se constituyeron (letra b).

Por su parte, tanto el art. 55 CF como el art. 54 CDCC, siguiendo el art. 1574.1 CCF, consideraban que el momento de valoración de los bienes, obligaciones y gravámenes era el de la liquidación en el estado material que tuvieran en el momento en que se dispuso de ellos, se deterioran, se destruyeron o se constituyeron fraudulentamente las cargas o gravámenes de haber permanecido el bien en el patrimonio hasta el momento de la extinción. Esta regla permitía en el derecho catalán derogado y en el vigente derecho francés que los aumentos de valor monetarios y los debidos a las fluctuaciones del mercado se contabilicen en el patrimonio final.

El art. 1425 CCE, en su segundo inciso, estableció como momento para valorar los bienes el momento de la extinción del régimen ("el día de la terminación") si esos bienes se hubieran conservado en el patrimonio del cónyuge titular según el estado material que tuvieran el día en que se enajenaron gratuita o fraudulenta. Así, los aumentos de valor de los bienes procedentes de las variaciones del poder adquisitivo del dinero y de las fluctuaciones del mercado se contabilizarían en el patrimonio final. Se trata de aquéllas que se hubieren dado en el plazo de tiempo que iría desde el acto de disposición hasta la extinción del régimen.

En el § 1376 III BGB estos bienes, que son a los que se refiere el § 1375 II 2 y 3 BGB, se valoran en el momento en que tuvo lugar la desleal disminución del patrimonio y en el estado material que tendrían en ese momento, si bien el valor se actualiza al momento de la extinción de acuerdo con el índice de precios al consumo[138]. La misma norma existe en el art. 10.2 2 y 3 CFA, si bien en el art. 11.3 se establece una regla de actualización de esos valores al momento de extinción del régimen de acuerdo con el promedio de índices de precios al consumo existentes en los estados contratantes. Ahora bien, tanto en el § 1375 III BGB como en el art. 10.2 i. f. CFA establecen un período sospechoso de diez años, anteriores a la terminación del régimen, a efectos de consignar el valor de estos bienes en el patrimonio final. La regla de la actualización hace que los aumentos de valor de los bienes debidos al poder adquisitivo del dinero permanezcan en el patrimonio final; no, en cambio, los que se deban a las fluctuaciones del mercado. En el derecho catalán vigente (no, en el derogado) esos aumentos o disminuciones de valor no constarán en el patrimonio final.

En este sentido, tanto el BGB, CCE, CCF, CFA y derecho catalán derogado permiten aumentar el valor de la ganancia participable en mayor o menor grado, según se contabilicen o no los aumentos de valor que provengan de las fluctuaciones del mercado y del poder adquisitivo del dinero; mientras que el derecho catalán vigente, no. A nuestro modo de ver, en la medida en que el valor del incremento patrimonial participable debe tener origen "matrimonial", la norma de valoración del patrimonio final "ficticio" del art. 232-19.3 CCCat nos parece del todo un acierto del legislador catalán puesto que excluye que aumento ficticiamente el valor del patrimonio final contabilizando unos aumentos de valor de los bienes que nada tienen que ver con el matrimonio.

En relación con los bienes deteriorados, debe tenerse presente que el valor que tenía el bien, en el momento del deterioro, por tanto, antes del mismo, constará en el patrimonio final "ficticio"; mientras que, en el patrimonio final "real", constará el valor del bien con el deterioro. Esta situación produce parcialmente, como hemos referido con anterioridad, una duplicidad contable[139] que puede resolverse en el sentido de tener en cuenta en el patrimonio final ficticio no el valor del bien antes del deterioro sino el valor del "detrimento" ocasionado como consecuencia del deterioro del mismo (arg. ex art. 232-6.2 letra a CCCat), siempre que ese deterioro se haya ocasionado con intención

[138] Koch, *Münchener Kommentar zum BGB*, (§ 1375 Endvermögen), n. 38, 6ª. edic., 2013, beck-online.

[139] Llama la atención sobre este hecho, Casas Vallés, R., "Comentario al art. 232-19 CCCat", p. 749.

de disminuir fraudulentamente las ganancias del consorte (art. 232-19.2 letra c CCCat).

2.2. Patrimonio inicial

La composición del patrimonio inicial aparece recogida en el art. 232-20 CCCat. A ella nos referiremos en primer término (2.2.1.). Después, nos centraremos en la valoración de los bienes y en el extremo relativo al aumento y disminución de valor de los mismos (2.2.2.).

2.2.1. Composición

En relación con la composición del patrimonio inicial debe diferenciarse entre patrimonio inicial "originario" y patrimonio inicial "sobrevenido".

a) Patrimonio inicial "originario"

- *Bienes que pertenecen a los cónyuges en el momento de empezar el régimen*

El art. 232-20.1 CCCat se corresponde con el art. 56.1 letra a CF y el art. 55.1 CDCC, si bien existen diferencias que conviene remarcar. La más importante tiene que ver con el hecho de que, hasta el CCCat, el patrimonio inicial originario se componía de aquellos bienes que existían al inicio del régimen siempre que subsistieran en el momento de la extinción y si salieron del patrimonio inicial entrando otros en su lugar, debían constar sus subrogados. El art. 232-20.1 CCCat, por su parte, hace que cuenten los bienes que se tuvieran al inicio del régimen independientemente de que subsistan en el momento de la extinción y de que existan subrogados de los que salieron del patrimonio. Éstos constarán en todo caso en el patrimonio final.

En primer lugar, forman parte del patrimonio inicial de cada cónyuge, todos aquellos *bienes que lo integraban en el momento de iniciarse el régimen* y que, en principio, constan en el inventario aportado (art. 232-14 CCCat, art. 8.1 CFA, Principio 4:19 a). Como acabamos de señalar, tanto el art. 56.1 letra a CF como el art. 55.1 CDCC, indicaban que estos bienes debían tenerse en cuenta en el patrimonio inicial, si subsistían, cuando se extinguía el régimen matrimonial. Por tanto, si no existían, en ese momento, no se consignaban en el patrimonio inicial, lo que determinaba que si habían salido del patrimonio a título gratuito pudieran constar como patrimonio final "ficticio", en su caso, y si había entrado en el patrimonio otro bien, en su lugar, se hacía constar en el patrimonio inicial ese subrogado en el supuesto de que todavía siguiera en el patrimonio del cónyuge titular (art. 56.1 letra a CF). El art. 232-20.1 CCCat ha suprimido el inciso "si subsisten" de la misma forma que el art. 1418.1 CCE tampoco la contiene. Por tanto, podría pensarse, en una primera aproximación, que el valor de los bienes, al inicio del régimen, tiene que reflejarse en la determinación del valor del patrimonio inicial, independientemente de que exista o no el bien o de que exista un subrogado, en el momento de extinción del régimen. Tener o no en cuenta el valor de los bienes que existían en el patrimonio inicial, aunque ya no subsistan en el momento de extinción del régimen implica aumentar o disminuir el valor del patrimonio inicial, lo que significa que a mayor valor del patrimonio inicial (se tienen en cuenta los bienes que existían al inicio del régimen, aunque no subsistan o sus subrogados en el momento de la extinción) menor valor del incremento patrimonial habrá; a menor valor del patrimonio inicial (no se tiene en cuenta el bien que no subsiste ni su subrogado) mayor será ese valor del incremento patrimonial en el que se participa. Luego, el sistema tanto de la CDCC como del CF permitía participar en un mayor incremento patrimonial que el sistema del CCCat. Véanse los siguientes ejemplos.

Supuesto 1: Patrimonio inicial (CDCC/CF)

	José		Julia	
PF	Coche	1.000	Deudas	-20.000
	Apartamento	150.000	C/C	5.000
	deudas	-15.000	Apartamento	200.000
	Piso	150.000	(subrogado)	
	Acciones	20.000	Acciones	15.000
	TOTAL	306.000	TOTAL	200.000
PI	Coche	1.000	Deudas	-20.000
	Deudas	-15.000	C/C	5.000
	Apartamento	150.000	Apartamento (subrogado de un piso de 130.000)	200.000
	TOTAL	134.000	TOTAL	185.000
G	306.000 – 134.000=172.000		200.000 – 185.000= 15.000	

(172.000-15.000) : 2 = 78.500 crédito de participación a favor de Julia.

Supuesto 2: Patrimonio inicial (CCCat).

	José		Julia	
PF	Coche	1.000	Deudas	-20.000
	Apartamento	150.000	C/C	5.000
	deudas	-15.000	Apartamento	200.000
	Piso	150.000	Acciones	15.000
	Acciones	20.000		
	TOTAL	306.000	TOTAL	200.000
PI	Coche	1.000	Deudas	-20.000
	Deudas	-15.000	C/C	5.000
	Apartamento	150.000	Piso	130.000
	TOTAL	134.000	TOTAL	115.000
G	306.000 – 134.000=172.000		200.000 – 115.000= 85.000	

(172.000-85.000) : 2 = 43.500 crédito de participación a favor de Julia

Se podría hacer otra interpretación del precepto y entender que, en la medida en que pudieran ser aplicables las normas de determinación de la compensación a la composición de los patrimonios en el régimen de participación, en virtud de la norma del art. 232-13.2 CCCat, que prescribe la aplicación supletoria del régimen de separación de bienes[140], se aplicaría la regla del art. 236-2.1 letra c CCCat y, consiguientemente, sólo deberían consignarse, en el patrimonio inicial, aquellos bienes que subsistieran en el momento de la extinción, lo que supondría que si el bien salió del patrimonio y, en su lugar, entró un subrogado, éste no se tenga en cuenta, y, por tanto, se haga constar en el patrimonio final.

En nuestra opinión, la supresión del inciso "si subsisten" del art. 232-20.1 CCCat, en el régimen de participación, no se debe a ningún despiste del legislador, sino a la clara intención de aproximar la regulación del régimen de participación al CCE, inspirado en el § 1374 I BGB y en el art. 1570.1 CCF, que prescinde de la subsistencia o no de los bienes del patrimonio inicial al término del régimen de participación, por lo que entendemos que, en el CCCat, se contabilizará el valor de menos bienes en el patrimonio inicial que, en su momento, en el CF y en la CDCC. Esto determina también que

140 Al respecto vid. el epígrafe II, 2.2. En la doctrina, vid. Casas Vallés, R., "Comentario al art. 232-20 CCCat", p. 751.

haya desaparecido la referencia al "subrogado" de un bien que constaba en el patrimonio inicial que había salido del mismo durante la vigencia del régimen (art. 56.1 letra a CF). Puesto que siempre constará el valor del bien que existiera al inicio del régimen independientemente de que subsista o no en el momento de la extinción del régimen; da igual que haya un subrogado o no, éste constará en el patrimonio final real. Sin embargo, en los Principios europeos, se incluyen los bienes que existían al inicio del régimen o, en su caso, sus subrogados pero no se requiere que subsistan al extinguirse el régimen (Principio 4:19).

No deja de llamar la atención que el art. 236-2 letra c CCCat, cuando regula la determinación de la compensación económica por razón de trabajo, sí tiene en cuenta que los bienes subsistan, en el momento de la extinción, aunque no sus subrogados, para que su valor se pueda descontar del patrimonio final de cada uno de los cónyuges. Por lo tanto, si ha salido un bien del patrimonio inicial, el subrogado sólo constará en el patrimonio final, lo que supondrá un aumento del valor del patrimonio final incidiendo directamente en el valor del incremento patrimonial de ese cónyuge, el cual será superior que si se hubiera consignado el subrogado en el patrimonio inicial.

En este sentido, la compensación económica permite que se participe en un valor mayor de incremento patrimonial que el régimen de participación, aunque el resultado final no suponga necesariamente un crédito de compensación de cuantía superior al de participación. Si partimos del supuesto número 2 anterior y hacemos ahora el cálculo respecto de la compensación económica utilizando los mismos criterios de valoración que en el caso del régimen de participación, a los cuales nos referiremos posteriormente, resulta lo siguiente.

Supuesto 3: Patrimonio inicial compensación económica (CCCat).

	José		Julia	
PF	Coche Apartamento deudas Piso Acciones TOTAL	1.000 150.000 -15.000 150.000 20.000 306.000	Deudas C/C Apartamento (subrogado de un piso de 130.000 que existía al inicio del régimen) Acciones TOTAL	-20.000 5.000 200.000 15.000 200.000
PI	Coche Deudas Apartamento TOTAL	1.000 -15.000 150.000 134.000	Deudas C/C TOTAL	-20.000 5.000 15.000
G	306.000 – 134.000=172.000		200.000 – 15.000= 185.000	

(185.000-172.000) = 13.000: 4 = 3.250 crédito de compensación a favor de José o 13.000: 2= 6.500 crédito de compensación a favor de José si las partes o la autoridad judicial establecen que el porcentaje es en la mitad y no en la cuarta parte.

No consignar el piso pues no subsiste en el momento de extinción del régimen trae la consecuencia perversa de que quién tiene más bienes, además, sea titular de un crédito por compensación económica.

A nuestro entender, el legislador catalán que, en las reglas de determinación de la compensación, ha seguido muy de cerca a la CDCC, olvidó al regular ésta la referencia a los "subrogados". En esa dirección, la propuesta de interpretación que podría hacerse del art. 232-6.1 letra b CCCat, a tenor de un sector doctrinal, es que, en el patrimonio inicial, consten los bienes que se tenían en ese momento en su estado material y valor y, en el final, los bienes que consten al término del régimen valorados en su estado material en ese momento[141].

141 Bosch Capdevila, E., "La configuració de la compensació econòmica per raó de treball en el llibre segon del Codi Civil de Catalunya" en *Qüestions actuals del dret català de la persona i de la família*, Materials de les Dissetenes Jornades de Dret català a Tossa, Universitat de Girona, Documenta universitaria, 2013, p. 393.

- *Exclusión de los frutos y rentas que produzcan los bienes que componen el patrimonio inicial originario*

El art. 232-20.1 CCCat lleva a cabo otra modificación respecto del art. 55 CF y del art. 54 CDCC. En efecto, en este último precepto se contemplaban en el patrimonio inicial los intereses y rentas que provenían de los bienes que constaban en el patrimonio inicial (art. 54.2 CDCC), por lo que al engrosar el valor del patrimonio inicial se daba una disminución del valor de las ganancias en las que se participe. En cambio, en el CF se excluían del patrimonio inicial los *frutos y las rentas que produjeran los bienes* que constaran en él en el mismo sentido que el art. 1570.1 CCF (art. 8.3 ap. 1 CFA). Éstos se hacían constar en el patrimonio final en la medida en que subsistieran, con lo cual, éste aumentaba y había un mayor incremento patrimonial del que podían, en su caso, participar los cónyuges[142]. Ahora la referencia a la excepción de los frutos y rentas que produzcan los bienes que aparecen en el patrimonio inicial, subsistan éstos o no, ha desaparecido del art. 232-20.1 CCCat como tampoco advierte nada al respecto el art. 1418.1 CCE y el § 1374 I BGB. Eso no impide que consten en el patrimonio final "real" si subsisten, en el momento de extinción del régimen, con lo cual se mantiene el sistema ya previsto en el CF de un mayor incremento patrimonial en relación con estos bienes.

- *Deducción de cargas y obligaciones*

Al activo del patrimonio inicial originario debe deducirse el "pasivo", que consta de las *obligaciones y cargas que afecten a los bienes* independientemente de que subsistan o no al finalizar el régimen de la misma manera que se indica el bien subsista o no en ese momento. Así, tendríamos que las deudas del patrimonio inicial se tienen en cuenta en el pasivo de este patrimonio, aunque hayan sido pagadas, durante la vigencia del régimen, con bienes de ese mismo patrimonio inicial[143].

Si el pasivo supera el activo debe consignarse el valor negativo del patrimonio inicial originario, salvo que las partes hayan pactado otra cosa (art. 232-20.1 CCCat, art. 8.1 CFA)[144]. Así, pueden haber pactado que se consigne como valor

---

[142] Esto hacía que las deudas por gastos de administración y conservación de estos bienes aparecieran en el pasivo del patrimonio final (vid. la interpretación del art. 52.2 CDCC que hacía, en su momento, MORALES MORENO, A. M., "Algunos rasgos caracterizadores del régimen económico matrimonial de participación en las ganancias de la Compilación de Cataluña" en *Estudios jurídicos en homenaje al profesor Aurelio Menéndez*, IV, Civitas, Madrid, 1996, p. 4977).

[143] Es precisamente la situación contable contraria a la prevista tanto en el CF como en la CDCC (MORALES MORENO, A. M., "Algunos rasgos caracterizadores", p. 4976). CAMACHO CLAVIJO, S. "La construcción de un concepto teórico de plusvalía en el régimen de participación en las ganancias", ADC en prensa.

[144] Para el cálculo de la compensación económica del art. 232-6 CCCat el legislador sólo tiene en cuenta las cargas que afecten a los bienes que forman parte del patrimonio inicial, no las

cero. Esta regla también es nueva. Su procedencia se encuentra en la reforma que llevó a cabo el legislador alemán, en 2009, del régimen de participación en las ganancias (§ 1374 III BGB, art. 8.1 *i. f.* CFA). Las consecuencias de consignar el valor negativo en el patrimonio inicial o consignar cero así como el extremo relativo a las plusvalías las veremos más adelante.

El art. 56.1 letra c CF (en la misma dirección que el art. 55.4 CDCC) consideraba que debían deducirse las deudas contraídas por "gastos familiares", aunque todavía no se hubieran satisfecho. El art. 232-20 CCCat las ha suprimido, con lo cual, el patrimonio inicial se verá incrementado. Las deudas por gastos familiares constarán en el patrimonio final lo que conllevará un menor valor del patrimonio final.

b) Patrimonio inicial "sobrevenido"

- *Valor de los bienes adquiridos a título lucrativo durante la vigencia del régimen*

Debe añadirse, en primer término, el *valor de los bienes adquiridos a título lucrativo durante la vigencia del régimen, deducidas las cargas que les afecten* (art. 232-20.2 letra a CCCat)[145]. El art. 56.1 letra a CF establecía que debía consignarse el valor de aquellos bienes adquiridos durante la vigencia del régimen a título de donación, herencia y legado y sus subrogados en caso de que aquellos no subsistieran, en el momento de la extinción del régimen, pero, en cambio, hubieran entrado en el patrimonio otros bienes como contraprestación. El art. 232.20.2 letra a CCCat emplea la expresión "bienes adquiridos a título lucrativo" tomada del art. 55.1 CDCC; mientras que la expresión del art. 56.1 letra a CF era la propia del art. 1418.2 CCE (§ 1374 II BGB, art. 8.2 CFA, Principio 4:19).

El art. 232-20.2 CCCat tiene en cuenta el valor de los bienes adquiridos a título lucrativo independientemente de que subsistan en el momento de la extinción del régimen o no. Por tanto, el legislador ha prescindido, en la nueva norma, de sus subrogados, los cuales, si existen constarán en el patrimonio final real y si no, si es el caso, podrán constar como patrimonio final ficticio

obligaciones; mientras que, en el patrimonio final, sí tiene en cuenta ambas. A nosotros nos parece que también deberían descontarse las deudas u obligaciones que tuviera el patrimonio inicial siempre que subsistan. No se ve razón para incluirlas en un caso y excluirlas en el otro. Quizá, el motivo de su ausencia se encuentre en una copia deficiente del art. 55.1 CDCC.

145 Según el art. 232-6.1 letra c CCCat deben tenerse en cuenta el valor de los bienes adquiridos a título gratuito durante la vigencia del régimen de separación. No prevé, en este caso, la deducción de las cargas que afecten a estos bienes. Así, si se aplica el precepto literalmente resulta que el patrimonio inicial aumenta con lo cual el derecho a la compensación será menor. A nuestro entender, debería descontarse el valor de las cargas. De nuevo, una copia deficiente del art. 55.1 CDCC hace pensar que no era esa la intención del legislador, esto es, la de no descontar las referidas cargas.

(art. 232-19.1 y 2 CCCat). Los bienes adquiridos a título lucrativo constarán en el patrimonio inicial sobrevenido ficticiamente aunque hayan salido del patrimonio. La interpretación, que al respecto debe hacerse, es la misma que hemos pergeñado en relación con los bienes que forman parte del patrimonio inicial originario que no subsisten en el momento de la extinción del régimen.

Si el bien adquirido durante la vigencia del régimen a título gratuito consiste en una donación, en la que donante y donatario son los cónyuges, para el cónyuge donatario el valor del bien debería constar en el patrimonio inicial sobrevenido; mientras que para el cónyuge donante como se trataría de una donación "consentida" por su cónyuge, puesto que la habría aceptado, no constaría ni en el patrimonio final real (el bien no existe en el momento de la extinción del régimen), ni en el patrimonio final ficticio. El valor del bien donado formaría parte del patrimonio inicial, lo que supondría un menor incremento en el patrimonio final. De hecho, la función del patrimonio inicial es limitar las ganancias participables[146]. Ahora bien, en nuestro sentir, puesto que del patrimonio final ficticio se excluyen las donaciones otorgadas entre los cónyuges, ya que el art. 232-19.2 letra a CCCat piensa en donaciones otorgadas a terceros que debe "consentir" el otro cónyuge, parece que deben excluirse del patrimonio inicial sobrevenido las donaciones otorgadas entre cónyuges durante la vigencia del régimen y sólo contemplarse los bienes adquiridos a título lucrativo que procedan de terceros[147]. Por su parte, el CFA excluye tanto del patrimonio inicial como del final aquellos bienes que se donaron, durante la vigencia del régimen, a parientes en línea recta (art. 8.3 ap. 2).

Los bienes adquiridos en virtud de un título sucesorio (herencia, legado) en la sucesión del cónyuge premuerto no se tienen en cuenta a los efectos del patrimonio inicial. En efecto, estos bienes no son adquiridos durante la vigencia del régimen de participación, sino después, una vez se ha extinguido éste por mor de la muerte o declaración de fallecimiento de uno de los cónyuges. Otra cuestión es que los bienes así adquiridos pudieran imputarse al pago del crédito de participación, aspecto éste que referiremos en el epígrafe VI.

- *Deducción de las cargas que afectaban a los bienes adquiridos a título lucrativo durante la vigencia del régimen*

Al valor de los bienes adquiridos a título lucrativo debe deducirse el *valor de las cargas que los afectaban* (art. 232-20.2 letra a CCC, art. 8.2 *i. f.* CFA). Varias cuestiones deben tratarse. En primer lugar, debe deducirse el valor de las

[146] Morales Moreno, A. M., "Comentario al art. 1418 CC", pp. 1837-1838.

[147] En el mismo sentido, para el derecho alemán vid. Koch, *Münchener Kommentar zum BGB*, (§ 1374 Anfangsvermögen), n. 23, 6ª. edic., 2013, beck-online.

cargas que afectaban a los bienes en el momento en que se adquirieron. Es lo que el art. 56.1 letra a CF advertía con "en aquel momento", esto es, en el momento de su adquisición. En segundo lugar, el art. 1419 CCE preceptúa, en este caso, que las cargas se deducen "en cuanto no excedan de los bienes donados o heredados". En el art. 232-20.2 letra a CCCat no se advierte nada al respecto. De todos modos, téngase presente que la regla, en el derecho catalán, es que la carga nunca puede exceder el valor del bien (arg. ex art. 427-39 CCCat, en el caso de legados, art. 428-1.4 CCCat, en el caso del modo). Por tanto, la deducción del valor de las cargas tendría el límite del valor del bien al cual grava. En tercer lugar, el precepto catalán nada advierte de las "obligaciones sucesorias" como, en cambio, sí lo hace el art. 1419 CCE. Para éstas, este último precepto establece como límite el valor de los bienes heredados. Así, si se acepta por un cónyuge catalán, para el que rige el régimen de participación, una herencia sin beneficio de inventario (art. 461-18 CCCat), las deudas hereditarias todavía no satisfechas sólo deberán constar en el pasivo del patrimonio final real, no en el inicial sobrevenido, lo que hará disminuir el patrimonio final y la ganancia participable, salvo que la aceptación se haya hecho con la intención de disminuir fraudulentamente las ganancias del cónyuge, en cuyo caso, constaría su valor en el patrimonio final ficticio (art. 232-19.2 letra b CCCat).

- *Indemnizaciones en concepto de daños corporales*

También formará parte del patrimonio inicial la cantidad que se reciba por *indemnización en concepto de daño corporal, excluida la parte correspondiente al lucro cesante durante el tiempo de vigencia del régimen* (art. 232-20.2 letra b CCCat)[148], independientemente de la fuente que dé lugar a la misma (v. gr. contrato de seguro, daños extracontractuales). Este concepto del patrimonio inicial también ha sufrido cambios respecto del art. 56.1 letra b CF y del art. 55.3 CDCC. En efecto, en éste se comprendían las cantidades procedentes de indemnizaciones por daños corporales o morales de la persona o por pensiones alimenticias o de invalidez u otras de carácter personalísimo. La consideración de las indemnizaciones en el patrimonio inicial procede del art. 1570.1 CCF que entiende que forman parte del patrimonio originario aquellos bienes considerados privativos en la comunidad de bienes y dentro de éstos, el art. 1404.1 del mismo texto legal entiende comprendidas las cantidades por indemnizaciones en caso de daño corporal y moral, las pensiones referidas u otras de carácter personalísimo. Estas últimas partidas han desaparecido del patrimonio inicial

[148] En el régimen de comunidad de bienes, el art. 232-32 letra e CCCat considera bienes privativos igualmente las indemnizaciones por daños corporales, excluido el lucro cesante durante la vigencia del régimen. Las cantidades por este concepto serían consideradas bienes comunes. Por su parte. El art. 232-6.1 letra c CCCat también incluye en el patrimonio inicial ficticio el valor de estas indemnizaciones, si bien excluye el lucro cesante durante el "tiempo de convivencia", aunque el precepto debería decir durante la vigencia del régimen de separación.

sobrevenido, de suerte que sólo aparecerán en el patrimonio final "real", lo que no se acaba de entender bien, pues, no se derivan del matrimonio.

Las indemnizaciones, en general, como las pensiones de la clase que sean, tampoco forman parte el patrimonio inicial sobrevenido en el CCE[149] - ni en el BGB ni el CCS -, por lo que, en estos ordenamientos jurídicos, las cantidades obtenidas en dicho concepto, sin diferenciar entre daño emergente y lucro cesante, se consignan en el patrimonio final real del cónyuge titular de la indemnización. Ello no tiene demasiado sentido, si se parte de la base de que estas indemnizaciones no guardan relación con el régimen económico matrimonial por lo que carece de fundamento que se tengan en cuenta en el patrimonio final. Así, deberían permanecer en el patrimonio inicial. Por su parte, el art. 8.2 CFA contempla, como una partida del patrimonio inicial, las indemnizaciones por daño corporal[150]. En la misma dirección lo hace el Principio 4:19.

2.2.2. Estado y momento de valoración de los bienes

De nuevo hay que diferenciar entre patrimonio originario y sobrevenido.

a) Patrimonio inicial "originario"

En relación con el patrimonio inicial "originario" encontramos dos momentos de valoración diferentes. En efecto, existen aquellos ordenamientos, como el alemán (§ 1376 I BGB) y el CCE (art. 1421.1), que valoran los bienes en el estado material que se encuentren en el inicio del régimen y ese es, precisamente, el momento de valoración de aquéllos. Pero, también hay otros ordenamientos, como el francés (art. 1571.1 CC) y el catalán (art. 232-20.3 CCCat)[151], que valoran los bienes que forman parte del patrimonio inicial originario en el

[149] Aboga claramente por su no inclusión en el CCE, Morales Moreno, A. M., "Comentario al art. 1418 CC", p. 1836.

[150] Esta inclusión en el patrimonio inicial que hace el CFA - y que se diferencia del BGB - ha recibido el aplauso de los autores alemanes (en esta línea, Becker, E., "The Franco-German Agreement", p. 13).

[151] En cambio, el art. 232-6 CCCat no establece ninguna regla de valoración de bienes en el patrimonio inicial para el cálculo de la compensación por razón de trabajo, lo que puede hacer pensar que, como se refiere a bienes que se tenían al inicio del régimen (patrimonio originario), se estima su valor y estado material en ese momento o bien que debe aplicarse la misma regla que para el régimen de participación, esto es, estado material inicio del régimen y valoración en el momento de la extinción. Habida cuenta que el art. 232-6 CCCat sigue muy de cerca los arts. 54 y 55 CDCC, en sede de participación en las ganancias, podría aplicarse la misma regla en ambos casos. Sin embargo, el art. 232-6.1 letra c CCCat hace referencia al "valor que tenían los bienes al iniciarse el régimen", lo que podría también hacer pensar en el estado material y valor de los bienes al inicio del régimen (Navas Navarro, S. "El régimen de separación de bienes", p. 1322; Bosch Capdevila, E., "La configuració de la compensació económica per raó de treball", p. 393).

estado material en que se encuentren al inicio del régimen pero en el momento de la liquidación o de la extinción del mismo, respectivamente. Por su parte, el CFA establece una regla general y una excepción. La primera, presente en el art. 9.1, prescribe que los bienes del patrimonio inicial "originario" se valoran en el momento del inicio del régimen en el estado material en que se encontraban en ese momento. La segunda, contemplada, en el art. 9.2, mantiene para determinados bienes la regla de la valoración en el momento de la extinción del régimen, siguiendo el sistema francés[152], por lo que el estado material de los bienes será aquel que presentaran al inicio del régimen.

Las deudas y cargas que afectaban a los bienes y que figuraban en el patrimonio inicial también deben valorarse en el momento de extinción del régimen, aunque el art. 232-20.3 CCCat no diga nada al respecto[153].

Los legisladores al establecer estas reglas de valoración de los bienes, que forman parte del patrimonio inicial originario, están pensando en hacer participar o no al otro cónyuge de las plusvalías o minusvalías de los bienes y si es el primer caso en qué medida lo deja participar, es decir, en qué concretas plusvalías o minusvalías participa. Por otro lado, hay que tener presente que el crédito de participación es un crédito pecuniario y que las operaciones de determinación de la ganancia abocan a una suma de dinero puesto que el patrimonio inicial y final también se corresponden con un importe pecuniario.

Así, nos vamos a detener en el aspecto relativo a los aumentos y las disminuciones del valor de los bienes tomando en consideración los dos momentos temporales de valoración antes esbozados.

- *Aumentos y disminución del valor de los bienes como consecuencia de las variaciones del poder adquisitivo del dinero* ("económicas", "monetarias" o "ficticias")

Como acabamos de mencionar en el art. 1421.1 CCE los bienes del patrimonio inicial se valoran en el momento del inicio del régimen en el estado material en que se encontraran. No obstante, el art. 1421.2 CCE establece que la suma por la que se valore el bien deberá actualizarse al momento en que el régimen hubiera cesado; aunque la doctrina considera que debe actualizarse individualmente el valor de cada elemento patrimonial y no la cifra global[154]. En el derecho alemán, ha sido la jurisprudencia la que ha considerado que el importe de los bienes valorados al inicio del régimen debía actualizarse al momento de la extinción del mismo y ha tomado como referencia el índice de precios al

[152] MEYER, T., "Der neue deutsch-französische Wahlgüterstand", p. 616.

[153] En este mismo sentido, para el derecho alemán, vid. KOCH, *Münchener Kommentar zum BGB*, (§ 1373 Zugewinn), n. 11, beck-online.

[154] ALGARRA PRATS, E., *El régimen*, p. 211.

consumo, aunque la cuestión no ha dejado de ser doctrinalmente debatida. El argumento para esta actualización se encuentra en que el principio nominalista haría que el valor de la moneda, en el patrimonio inicial fuera diferente al del patrimonio final. Para corregir estas variaciones del valor del dinero debe actualizarse introduciendo el mismo valor del euro en ambos patrimonios[155]. El dinero no entra como medio de pago sino como valor.

La actualización del importe implica que los aumentos y disminución del valor de los bienes que tratamos no se contabilicen en el patrimonio final, sino que permanezcan en el inicial. En este sentido, el bien presentará el mismo importe, en cuanto a su valor en venta, tanto en el patrimonio inicial como final. La actualización del importe que prevén tanto el CCE como el BGB es en relación no sólo al valor en venta del bien, en el inicio del régimen, sino también al importe del estado material del bien consignado, a buen seguro, en el inventario también en el inicio del régimen.

Por su parte, en el derecho catalán anterior, tanto el art. 56.1 CF como el art. 55.1 CDCC establecían que el momento que debía tenerse en cuenta a efectos de valorar los bienes del patrimonio inicial, en el estado material en que se encontraran al inicio del régimen, era el momento de la liquidación siguiendo de esta guisa al CCF, en cuyo art. 1571.1, se establece la misma regla. En el derecho vigente, el art. 232-20.3 CCCat considera, como momento de valoración, el de la extinción del régimen manteniendo la regla respecto del estado material del bien, o sea, el que tuviera al inicio del régimen. En este sentido, los aumentos o disminuciones de valor de los bienes del patrimonio inicial, debidos a las fluctuaciones del precio del dinero tampoco se contabilizarían en el patrimonio final. Luego, también permanecerían en el inicial.

La diferencia entre el sistema francés y catalán respecto del alemán y el del CCE estriba en que, en los dos primeros, la valoración en el momento de extinción del régimen se refiere al valor en venta del bien en el estado material que tuviera al inicio. El importe de este estado material permanece sin actualizar en el momento de extinción del régimen. En cambio, en los otros dos se actualizan ambas sumas.

Véanse los siguientes ejemplos en relación con el aumento de valor de los bienes. A la misma consecuencia se llega en el caso de que se trate de disminuciones de valor.

---

155 KOCH, *Münchener Kommentar zum BGB*, (§ 1373 Zugewinn), n. 7, beck-online; SCHWAB, D., *Familienrecht*, p. 135. Para el derecho español, vid. ALGARRA PRATS, E., *El régimen*, pp. 209-210.

Supuesto 1: Aumento/Disminución de valor bienes debido a variaciones en el poder adquisitivo del dinero (sistema CCE).

	José		Julia	
PF	B. INM. Coche C/C Préstamo TOTAL	200.000 1.000 15.000 -80.000 136.000	B. INM. Obligaciones C/C Préstamo TOTAL	170.000 20.000 5.000 -40.000 155.000
PI	Coche Deudas B. INM. TOTAL	10.000 -20.000 200.000 (estado inicial – valor inicial actualizado) 190.000	Ahorros C/C B. INM TOTAL	20.000 5.000 170.000 (estado inicial – valor inicial actualizado) 195.000
G	136.000 – 190.000=-54.000		155.000 – 195.000= - 40.000	

No nace crédito de participación.

Supuesto 2: Aumento/Disminución de valor bienes debido a variaciones en el poder adquisitivo del dinero (sistema CCCat).

	José		Julia	
PF	B. INM. C/C Préstamo TOTAL	200.000 (estado final – valor final) 15.000 -80.000 135.000	B. INM. Obligaciones C/C Préstamo TOTAL	170.000 (estado final – valor final) 20.000 5.000 -40.000 155.000

PI	Coche Deudas B. INM. TOTAL	1.000 -20.000 200.000 (estado inicial – valor final) 181.000	Ahorros C/C B. INM. TOTAL	20.000 5.000 170.000 (estado inicial – valor final) 200.000
G	135.000 – 181.000=-46.000		155.000- 200.000= - 45.000	

No nace ningún crédito de participación.

- *Plusvalías como consecuencia de "mejoras" introducidas por los cónyuges*

Tanto el sistema alemán y español como en el francés y catalán, a pesar de contemplar momentos temporales de valoración de los bienes en el patrimonio inicial, puesto que ambos parten del estado material de los mismos al inicio del régimen derivan las mejoras introducidas por los cónyuges al estado material de los bienes en el momento de la extinción, esto es, al patrimonio final. Luego, los aumentos de valor por este concepto se contabilizan en este patrimonio conllevando un mayor valor del patrimonio final y un mayor valor en concepto de ganancia participable[156]. Téngase presente que la regla de la subrogación ha desaparecido en la nueva regulación del CCCat. Si se hubiera mantenido, las cantidades invertidas en la mejora del bien habrían quedado en el patrimonio inicial en concepto de "subrogados" y no se contabilizaría, en el patrimonio final, ese aumento de valor del bien que se correspondiera con la mejora[157]. En este sentido, la nueva regulación catalana contabiliza más aumentos de valor que el anterior sistema puesto que éstos constarán siempre en el patrimonio final. Por otro lado, la contabilización de estos aumentos de valor de los bienes parte de la base de que los bienes subsisten en el momento de la extinción del régimen.

Este aspecto lo deja muy claro el art. 9.2 i. f. CFA en el que se establece que las transformaciones en el estado de los bienes, que tengan lugar durante la vigencia del régimen, no se tienen en cuenta en el patrimonio inicial[158]. Sólo estos aumentos de valor son los que, para los Principios europeos de derecho de familia concernientes a las relaciones patrimoniales entre cónyuges, son participables (Principio 4:19 letra f). La razón que se da, para ello, es la no contribución del otro cónyuge en los otros aumentos de valor referidos y sólo

[156] De este modo lo considera para el derecho español, ALGARRA PRATS, E., *El régimen*, pp. 212-213.

[157] MORALES MORENO, A. M., "Algunos rasgos caracterizadores", p. 4969.

[158] JÜNERMANN, M., "Der neue Güterstand der Wahl-Zugewinngemeischaft", p. 355.

en éstos[159]. Incide en esta cuestión advirtiendo que a la hora de determinar el valor de la ganancia deberán tenerse en cuenta los aumentos o disminuciones de valor de un bien en el que se han invertido fondos por parte del cónyuge no titular para mejorar o conservarlo [Principio 4:28 (4)][160].

En nuestra opinión, sólo los incrementos de valor de los bienes que tienen origen "matrimonial" deberían ser participables; no, aquellos en los que el cónyuge no ha intervenido. La razón de ello estriba, por un lado, en que el matrimonio no es "per se" una fuente de financiación de necesidades y, por otro lado, en que ello se aviene mejor con el hecho de que durante la vigencia del régimen de participación éste funciona como si de separación se tratara[161].

Si el aumento de valor proviene de la actividad o de inversiones realizadas por el cónyuge no propietario del bien, deberemos aplicar, según el caso, o las normas de la accesión o la norma sobre las mejoras del art. 522-4 CCCat en materia de posesión, lo que determinará que se consigne el correspondiente derecho de crédito o deuda respectivo en los patrimonios finales de cada uno de los cónyuges[162].

Véanse los siguientes supuestos.

Supuesto 1: Aumento de valor bienes debido a mejoras (sistema CCE).

	José		Julia	
PF	B. INM. TOTAL	200.000 200.000	B. INM. TOTAL	180.000 (170.000 + 10.000 mejoras) 180.000

[159] BOELE-WOELKI, K. / FERRAND, F. / GONZÁLEZ BEILFUSS, C. / JÄNTERÄ-JAREBORG, M. / LOWE, N. / MARTINY, D. / PINTENS, W., *Principles of European Family Law Regarding Property Relations Between Spouses*, p. 161.

[160] BOELE-WOELKI, K. / FERRAND, F. / GONZÁLEZ BEILFUSS, C. / JÄNTERÄ-JAREBORG, M. / LOWE, N. / MARTINY, D. / PINTENS, W., *Principles of European Family Law Regarding Property Relations Between Spouses*, p. 199. Se trata de una regla similar a la del art. 206 CCS.

[161] Un argumento adicional sería el hecho de que en el régimen de *associació a compres i millores* (arts. 232-25 a 232-27 CCCat) se consideran mejoras aquellas que tienen que ver con una actividad de los cónyuges, es decir, aumentos de valor de los bienes debidos a impensas útiles (art. 232-25.5 CCCat). Téngase en cuenta que este régimen matrimonial catalán tiene naturaleza híbrida, esto es, es un sistema que combina reglas del régimen de participación y de comunidad de bienes. De hecho, la regulación del régimen de participación es la tercera fuente normativa del mismo (art. 232-25.2 CCCat).

[162] Para el caso de inversiones realizadas por el cónyuge no titular del bien, se sostiene que deberán aplicarse las reglas generales del derecho patrimonial (MORALES MORENO, A. M., "Algunos rasgos caracterizadores", p. 4970).

PI	B. INM. TOTAL	200.000 (estado inicial – valor inicial actualizado) 200.000	B. INM TOTAL	170.000 (estado inicial – valor inicial actualizado) 170.000
G	0		180.000 – 170.000= 10.000	

10.000:2=5.000 crédito de participación a favor de José.

Supuesto 2: Aumento de valor bienes debido a mejoras (sistema CCCat).

	José		Julia	
PF	B. INM. TOTAL	200.000 200.000	B. INM. TOTAL	180.000 (170.000 + 10.000 mejoras) 180.000
PI	B. INM. TOTAL	200.000 (estado inicial – valor final) 200.000	B. INM TOTAL	170.000 (estado inicial – valor final) 170.000
G	0		180.000 – 170.000= 10.000	

10.000:2=5.000 crédito de participación a favor de José.

- *Aumentos o disminuciones del valor de los bienes como consecuencia de las fluctuaciones del mercado*

En punto a estos aumentos o disminuciones del valor de los bienes, los dos sistemas que venimos tratando divergen. En efecto, en el CCE y en el BGB, este tipo de aumentos o disminuciones del valor de los bienes se contabilizan en el patrimonio final como consecuencia de la regla de valoración de los bienes que, respecto del patrimonio inicial, estos códigos civiles siguen. Por el contrario, el sistema francés y el catalán al tener presente el momento de liquidación del régimen, el primero, y el de extinción el segundo, para valorar los bienes del patrimonio inicial en su estado material al inicio del régimen, hace que aumentos o disminuciones del valor de los bienes derivados/as de posibles fluctuaciones del mercado se contabilicen en el patrimonio inicial y no en el final. Esta cuestión queda muy clara en el art. 9.2 CFA en el que se especifica que los bienes inmuebles y los derechos reales limitados, a excepción del derecho de usufructo y del derecho de habitación, se valoran en el momento de la extinción del régimen excluyendo los cambios en el estado material de los mismos que hayan tenido lugar durante la vigencia del régimen[163]. Estos cambios en el estado material son aquellos que provienen de la actividad de los cónyuges introduciendo mejoras -las ya referidas- o de una inactividad de los mismos consistente en la no conservación determinando una minusvalía en los bienes por su deterioro. Así, aquellos aumentos o disminuciones del valor de los bienes que provienen de las fluctuaciones del mercado se contabilizarían exclusivamente en el patrimonio inicial, de manera que el valor final del bien se podría calcular de dos formas:

i) Determinando el valor en venta del bien, en el estado material que tenía al inicio del régimen, en el momento de extinción del mismo;

ii) Cogiendo el valor en venta del bien, en el estado material que tuviera en el momento de extinción del régimen y restándole el valor por mejoras introducidas por los cónyuges. De esta forma el resultado que quedaría sería el valor del bien del patrimonio inicial, en el momento de extinción del régimen, en su estado material al inicio del régimen.

Esta diferencia entre el derecho catalán y el derecho del CCE permite afirmar que el segundo contabiliza más aumentos de valor de los bienes en el patrimonio final que el primero, si dichos aumentos existen, y, por tanto, que es más solidario[164]. En cambio, respecto de las pérdidas de valor de los bienes por fluctuaciones del mercado, el derecho catalán no las contabilizaría en el patrimonio final pues se quedarían en el inicial; mientras que el CCE sí las tendría en cuenta en el final.

Véanse los siguientes supuestos.

---

[163] Se trata de una norma introducida a instancias de la delegación francesa. Al final la redacción del art. 9 CFA representa una solución de compromiso entre los dos sistemas, el francés y el alemán (Becker, E., "The Franco-German Agreement", p. 13; Meyer, T., "Der neue deutsch-französische Wahlgüterstand", *FamRZ* 2010, *Heft* 8, pp. 615-616; Rieck, *Ausländisches Familienrecht*, 9ª edic., 2012, núm. 12 beck-online). Se piensa precisamente que los bienes inmuebles constituyen una parte importante del patrimonio de los cónyuges, con lo cual los aumentos de valor de los bienes debido a las fluctuaciones del mercado quedarían en el patrimonio inicial (Jäger, T., "Der neue deutsch-französische Güterstand der Wahl-Zugewinngemeinschaft – Inhalt und seine ersten Folgen für die Gesetzgebung und Beratungspraxis –", *DNotZ*, 2010, p. 812). En caso de que los bienes se valoren en un momento anterior, así por ejemplo cuando se enajenaron y salieron del patrimonio o se subrogaron otros en su lugar, se tiene en cuenta el momento de la enajenación o de la sustitución, pero el importe debe actualizarse al momento de la extinción del régimen de acuerdo con el promedio de IPCs de los estados contratantes del Convenio (art. 9.3 CFA). Esta es una regla de actualización que traerá en la práctica no pocos problemas, pero que era necesaria establecerla en el convenio al resultar extraña al sistema francés (Jünermann, M., "Der neue Güterstand der Wahl-Zugewinngemeischaft: Familienrechtliche Grundlagen und erbrechtliche Wirkungen", *ZEV*, 2013, p. 356).

[164] Morales Moreno, A. M., "Algunos rasgos caracterizadores", p. 4966.

Supuesto 1: Aumento de valor bienes debido a fluctuaciones del mercado (sistema CCE).

	José		Julia	
PF	B. INM. TOTAL	200.000 200.000	B. INM. TOTAL	190.000 (170.000 + 20.000 por conversión del barrio en zona residencial) 190.000
PI	B. INM. TOTAL	200.000 (estado inicial – valor inicial actualizado) 200.000	B. INM TOTAL	170.000 (estado inicial – valor inicial actualizado) 170.000
G	0		190.000 – 170.000= 20.000	

20.000:2=10.000 crédito de participación a favor de José.

Supuesto 2: Aumento de valor bienes debido a fluctuaciones del mercado (sistema CCCat).

	José		Julia	
PF	B. INM. TOTAL	200.000 200.000	B. INM. TOTAL	170.000 170.000
PI	B. INM. TOTAL	200.000 (estado inicial – valor final) 200.000	B. INM TOTAL	190.000 (170.000 + 20.000 por conversión del barrio en zona residencial) 190.000
G	0		170.000 – 190.000= -20.000	

No nace crédito de participación a favor de ninguno de los cónyuges.

- *Disminuciones del valor de los bienes como consecuencia de "deterioros"*

El valor de los deterioros que sufran los bienes, durante la vigencia del mismo, que forman parte del patrimonio inicial, si aquéllos se deben a comportamientos imputables al cónyuge titular, no constarán en el patrimonio final "ficticio" puesto que en éste constará el valor del bien sin el deterioro (art. 232-19.2 letra c CCCat). Los que no se deban a una actividad imputable al cónyuge titular, simplemente a la falta de conservación pero sin intención fraudulenta, tampoco constarán en el patrimonio inicial ya que en éste siempre se tiene en cuenta el estado material inicial del bien, esto es, sin el deterioro. El valor del bien deteriorado aparecerá reflejado en el patrimonio final. En este punto, es menester remitirse a lo advertido respecto de la posible duplicidad contable, en el patrimonio final, cuando de bienes deteriorados se trata[165].

La consignación del bien en su estado inicial, aunque el bien no subsista, evita las soluciones injustas a las que se llegaba con el sistema tanto de la CDCC como del CF, en relación con bienes destruidos y bienes deteriorados, pues respecto de los primeros se podía participar en un mayor valor del incremento patrimonial que en el caso de los segundos. Esto hizo a la doctrina entender que debía darse una interpretación correctora del art. 55.1 CDCC de suerte que, cuando el precepto aludía a "estado material", se entendieran comprendidas tanto las mejoras como las pérdidas y que, en caso de deterioro no imputable al cónyuge titular, debiera considerarse como un supuesto de pérdida parcial[166]. Esta interpretación no sigue siendo ya necesaria puesto que, según el tenor del art. 232-20.1 CCCat, deben figurar los bienes con su estado material al inicio del régimen subsistan o no en el momento de extinción, aunque valorados en el momento de la extinción.

Véanse los siguientes ejemplos.

---

165 Vid. epígrafe 2.1.2.

166 MORALES MORENO, A. M., "Algunos rasgos caracterizadores", p. 4973.

Supuesto 1: Bien deteriorado (CCCat).

	José		Julia	
PF	Coche Apartamento deudas Cuadro (deteriorado) Acciones TOTAL	1.000 150.000 -15.000 3.000 20.000 159.000	Deudas Apartamento TOTAL	-20.000 150.000 130.000
PI	Coche Deudas Apartamento Cuadro TOTAL	1.000 -15.000 150.000 7.000 143.000	Deudas Apartamento TOTAL	-20.000 150.000 130.000
G	159.000 – 143.000=16.000		130.000 – 130.000= 0	

16.000 : 2 = 8.000 crédito de participación a favor de Julia

Supuesto 1: Bien destruido (CCCat).

	José		Julia	
PF	Coche Apartamento deudas Acciones (no consta cuadro destruido) TOTAL	1.000 150.000 -15.000 20.000 156.000	Deudas Apartamento TOTAL	-20.000 150.000 130.000

PI	Coche	1.000	Deudas	-20.000
	Deudas	-15.000	Apartamento	150.000
	Apartamento	150.000		
	Cuadro	7.000		
	TOTAL	143.000	TOTAL	130.000
G	156.000 – 143.000=13.000		130.000 – 130.000= 0	

13.000: 2 = 6.500 crédito de participación a favor de Julia.

El bien deteriorado, pues, genera un derecho de crédito de participación a favor de uno de los cónyuges de cuantía superior respecto del bien destruido.

b) Patrimonio inicial "sobrevenido"

Los bienes adquiridos a título lucrativo durante la vigencia del régimen de participación se valoran en el momento de la extinción o en un momento anterior si opera la regla de retroacción de efectos, pero el estado material que se tiene en cuenta es el momento de la adquisición (art. 232-20.3 CCCat). Así, los aumentos y las disminuciones del valor de los bienes como consecuencia del poder adquisitivo del dinero o de fluctuaciones del mercado se contabilizarán en el patrimonio inicial y no en el final. Las mejoras, en cambio, sí se tendrán en cuenta en este último.

La regla del art. 1421.1 CCE parece establecer como momento de valoración de estos bienes el momento en que fueron adquiridos, pero actualizado al momento de extinción del régimen (art. 1421.2 CCE, art. 9.1 ap. 2 CFA). Así, se contabilizarán en el patrimonio inicial los aumentos y las disminuciones derivadas de las fluctuaciones del mercado que afecten al valor de los bienes o los aumentos de valor de los bienes por introducción de mejoras o posibles disminuciones por deterioros se contabilizarán en el patrimonio final.

Estas reglas se refieren a la valoración de los bienes, que forman parte del patrimonio inicial sobrevenido, que se adquirieron por título lucrativo, pero nada se advierte de las indemnizaciones, cuando sea el caso de que se contemple su importe en el patrimonio inicial. No se contemplan en el derecho alemán ni en el español, pero sí en el derecho francés y en el catalán como indicamos en su momento[167]. Por su parte, el art. 8.2 CFA las contempla como partida del patrimonio inicial sobrevenido y se valoran en el momento de su adquisición

---

[167] Vid. epígrafe 2.2.1.

por parte del cónyuge titular, si bien el importe se actualiza al momento de extinción del régimen (art. 9.3 CFA). En el derecho catalán, debería seguirse la regla general y valorarse el importe recibido en concepto de indemnización en el momento de extinción del régimen, con lo cual el valor que resulte de esa actualización se contabilizará en el patrimonio inicial.

3. DETERMINACIÓN DE LA GANANCIA

Como paso previo a la determinación de la ganancia cuando se sustrae al valor del patrimonio final el valor del patrimonio inicial (art. 232-21 letra a CCCat), conviene detenerse en una nueva norma que no existía en el derecho anterior y que tiene importancia a los efectos precisamente de determinar la ganancia. Nos referimos al hecho de que se pueda consignar el saldo negativo del patrimonio inicial como advierte el art. 232-20.1 CCCat (3.2.). A continuación, aludiremos a las reglas que regulan la determinación de la cuantía del crédito de participación (3.3.), si bien antes hay que referirse al concepto de ganancia "particibable" (3.1.).

3.1. Concepto de ganancia "participable"

La "ganancia" es un concepto específico del régimen de participación con sus propias reglas de determinación. Por tanto, no se trata de una masa de bienes separada del resto de bienes de los cónyuges, sino más bien un concepto contable[168]. Tampoco patrimonio inicial y final suponen masas de bienes, antes bien se corresponden, como se ha visto, con una suma de dinero que resulta de la realización de una serie de operaciones contables. Patrimonio final e inicial comprenden aumentos o disminuciones del valor de los bienes, en mayor o menor medida, en función del momento en que se valoren y del estado material en que se encuentren, lo que determinará o no un mayor valor del incremento patrimonial en el que se participe. Esta es una decisión de política legislativa cuyo fundamento se encuentra en una mayor o menor solidaridad conyugal en función de que se quiera o no hacer participar a los cónyuges en aquellos incrementos patrimoniales para cuya obtención no han contribuido, es decir, aquéllos que no son "matrimoniales". En todos los sistemas jurídicos estudiados, en este trabajo, el aumento de valor que se considera plusvalía es el debido a las "mejoras" introducidas por los cónyuges, lo que implica la subsistencia del bien que constaba en el patrimonio inicial en el momento de la extinción del régimen, es decir, que aparezca en el patrimonio final. No lo son los aumentos

[168] Koch, *Münchener Kommentar zum BGB*, (§ 1373 Zugewinn), n. 1, 6ª. edic., 2013, beck-online.

de valor de los bienes debido a las variaciones del poder adquisitivo del dinero y respecto de las que tienen que ver con las fluctuaciones del mercado sólo en algunos sistemas los son; no en todos. En nuestra opinión, sólo debería tener la consideración de ganancia "participable" aquella que tuviera origen "matrimonial".

Por su parte, en el régimen de comunidad de bienes, también se utiliza la expresión "ganancias", si bien no se hace en el mismo sentido que en el régimen de participación. En efecto, los arts. 232-30 y 232-31 CCCat aluden a "ganancias" no como un concepto contable que se cuantifica en unidades de valor[169], sino como una masa de bienes que tienen la consideración de "bienes comunes". El legislador catalán, después, en la regulación de la comunidad de bienes, coherentemente hace referencia a "bienes comunes" y a "bienes privativos" y no a "ganancias". Por su parte, en el régimen del *agermanament o pacte de mig per mig*, el art. 232-28.3 CCCat emplea también la locución "ganancias" que aparece equiparada a "lucros". El legislador, en este caso, utiliza la expresión de forma amplia para referirse tanto a incrementos patrimoniales como frutos que se obtengan de los bienes o incluso las rentas del trabajo, indemnizaciones, etc... De hecho, la dicción legal es "*ganancias o lucros de toda clase*". Luego, no se corresponde ni con el concepto específico de ganancia del régimen de participación ni con el de bienes comunes del régimen de comunidad.

3.2. Patrimonio inicial negativo

Ni el CF ni la CDCC introdujeron la regla del inciso final del art. 1571.2 CCF, en virtud de la cual si el pasivo excede al activo del patrimonio inicial, esta diferencia debe reunirse ficticiamente en el patrimonio final, con lo cual las pérdidas de valor de los bienes se acababan comunicando al otro cónyuge. En el Libro II CCC (art. 232-20.1 CCCat) sí se ha hecho mediante la consignación del saldo negativo del patrimonio inicial[170].

El art. 1420 CCE establece, por su parte, como en su momento hizo el § 1374 III BGB, que si el pasivo del patrimonio inicial es superior al activo, no había patrimonio inicial, lo que suponía que debía consignarse cero. En 2009, con la reforma que se llevó a cabo en relación con el régimen de comunidad de ganancias alemán, se consideró que debía consignarse el saldo negativo en lugar

---

[169] En el mismo sentido para el CCE, vid. MORALES MORENO, A. M., "Comentario al art. 1417 CC" en *Comentarios a las reformas del derecho de familia*, V. II, Tecnos, Madrid, 1984, pp. 1833-1834; QUÍLEZ ESTREMERA, M. A., "Cálculo convencional del crédito de participación (Art. 1429 del Código civil)", *RDN*, 1982, p. 192.

[170] Vid. epígrafe V. 3.1.

de cero del mismo modo que se prescribe en el art. 8.1 CFA[171]; mientras que los Principios europeos no ha acogida esta regla y así se dice expresamente en el Principio 4:31 (3). Como ni el CF ni la CDCC contenían norma al respecto, se consideró, en el mismo sentido que para el art. 1420 CCE, que debía consignarse, en este caso, cero. El art. 232-20.1 CCCat ha introducido una nueva norma en virtud de la cual, salvo que las partes hayan pactado otra cosa, deberá consignarse el saldo negativo del patrimonio inicial. Consignar como importe del patrimonio inicial cero o un saldo negativo tiene consecuencias económicas importantes. En efecto, al restar del valor del patrimonio final el valor del inicial negativo el resultado final es de suma, lo que hace que aumente ficticiamente la suma del valor del patrimonio del cónyuge titular, eso hace que el otro cónyuge presente menos valor de incremento patrimonial y tenga derecho a participar en una cuantía mayor[172]. Si, en cambio, se consigna cero, el importe total del patrimonio disminuye, pues sólo se tendrá en cuenta la suma de patrimonio final, con lo cual la participación del otro cónyuge tendrá como resultado una cifra notoriamente menor. La consecuencia es que, si se consigna el saldo negativo del patrimonio inicial, el cónyuge más endeudado deberá pagar una cantidad mayor en concepto de participación a su consorte viéndose abocado, en no pocos casos, a tener que solicitar un préstamo para poder satisfacer el crédito de participación o a solicitar la declaración de concurso de acreedores. De todos modos, siempre cabe que alegue esta situación como "causa que justifique" que la autoridad judicial le permita satisfacer el crédito de participación con bienes en lugar de con dinero (art. 232-22.1 CCCat).

Al final no deja de haber una cierta situación inequitativa como demuestran los ejemplos que seguidamente se exponen.

---

171 MEYER, T., "Der neue deutsch-französische Wahlgüterstand", p. 614.

172 Al mismo resultado conduce aplicar el art. 1571.2 i. f. CCF que establece que si en el patrimonio inicial el pasivo excede al activo, la diferencia debe sumarse ficticiamente en el patrimonio final. De ello se podría desprender que la reforma de 2009 del BGB, cuando paralelamente se proyectaba el CFA, en relación con la consignación del saldo negativo en el patrimonio inicial tiene su clara inspiración en el precepto galo.

Supuesto 1: PI negativo.

	José		Julia	
PF	B. INM.	160.000	B. INM.	160.000
	Acciones	30.000	Obligaciones	20.000
	C/C	15.000	C/C	10.000
	Préstamo	-80.000	Préstamo	-80.000
	TOTAL	125.000	TOTAL	110.000
PI	Coche	10.000	Ahorros	20.000
	deudas	-300.000	C/C	5.000
	TOTAL	-290.000	TOTAL	25.000
G	125.000 – (-290.000)= 415.000		85.000	

(415.000-85.000):2=165.000 crédito de participación a favor de la Julia.

Supuesto 2: PI cero.

	José		Julia	
PF	B. INM.	160.000	B. INM.	160.000
	Acciones	30.000	Obligaciones	20.000
	C/C	15.000	C/C	10.000
	Préstamo	-80.000	Préstamo	-80.000
	TOTAL	125.000	TOTAL	110.000
PI	Coche	10.000	Ahorros	20.000
	deudas	-300.000	C/C	5.000
	TOTAL	0	TOTAL	25.000
G	125.000		85.000	

(125.000-85.000):2=20.000 crédito de participación a favor de la Julia.

A nuestro entender, de *lege ferenda*, cabría, en hipótesis, varias opciones: primera, si se permite que se consigne el saldo negativo del patrimonio inicial deberían imputarse al pago del crédito de participación aquellos bienes que se hubieran donado en vida entre los cónyuges, como permite el art. 232-6.2

CCCat para la compensación económica por razón de trabajo y admite el § 1380 BGB; segunda, otra posibilidad sería entender que los jueces pudieran tener una facultad de moderar la cuantía, incluso, llegado el caso de suprimirla (art. 1579 CCF, § 1381 BGB); tercera, modificar la norma de suerte que se vuelva a considerar cero como patrimonio inicial; cuarta, que se introduzca una norma de limitación de la responsabilidad de manera que el crédito de participación se limite al valor real del patrimonio del cónyuge deudor (§ 1378 II BGB)[173]; quinta, que se introduzca la regla de que sólo deben consignarse en el patrimonio inicial originario los bienes, las deudas y las cargas que afecten a los primeros si subsisten en el momento de la extinción del régimen o, en su caso, los subrogados, como preveía tanto el CF (art. 56) como la CDCC (art. 55).

Por otro lado, en el CCCat nada impide que el patrimonio final sea también negativo y así conste en las operaciones de determinación de la ganancia[174].

3.3. Reglas de determinación de la participación

En el momento en que se determine el valor del incremento patrimonial en el que se participa se conoce quién es el titular del derecho de crédito de participación y la cuantía del mismo[175]. El titular es aquél que no ha obtenido ninguno o uno menor al de su consorte. Dicho con otras palabras, el derecho de crédito que nació determinable se determina en ese momento tanto respecto de la cuantía como del titular. Para que esto tenga lugar deben tenerse presentes las reglas que establece el art. 232-21 CCCat. El precepto se corresponde con el art. 57 CF y el art. 56 CDCC, los cuales sólo hacían referencia a dos de los supuestos que prevé el CCCat. En éste se ha añadido un supuesto nuevo, el de la letra c, mientras que los dos anteriores se toman del derecho anterior. De hecho,

[173] El art. 14 CFA ha introducido un límite a la pretensión de participación del cónyuge titular. Éste sólo podrá solicitar, como máximo, en ese concepto, la mitad del patrimonio del cónyuge deudor. Éste tiene derecho a conservar la mitad del mismo para su sustento. Se trata de una regla introducida a instancias del lado francés (Meyer, T., "Der neue deutsch-französische Wahlgüterstand", p. 614) que, en la reforma del BGB en 2009 se discutió pero que fue desechada. Sin embargo, puede aplicarse si los cónyuges se acogen al régimen de participación del convenio (Brudermüller, G., "Die Neuregelungen im Recht des Zugewinnausgleichs ab 1.9.2009", p. 1187. Esta misma autora, consideraba positiva esta medida pues paliaba los efectos de consignar un saldo negativo en el patrimonio inicial, Brudermüller, G., "Zugewinngemeinschaft: Struktur und Reform", en Lipp, V. / Schumann, E. / Veit, B. (eds.), *Die Zugewinngemeischaft – ein europäisches Modell?*, 7. Göttinger Workshop zum Familienrecht 2008, Universitätsverlag Göttingen, 2009, p. 10).

[174] La consignación del patrimonio final con saldo negativo también es posible desde la reforma de 2009 en el derecho alemán [Koch, *Münchener Kommentar zum BGB*, (§ 1375 Endvermögen), n. 19, 6ª. edic., 2013, beck-online].

[175] No nacen dos derechos de crédito de participación que, con posterioridad, se compensan, como sucede en el derecho suizo (art. 215 CCS), sino que nace sólo un derecho de crédito *in testa* del cónyuge que no ha obtenido ganancias o menos que el otro. Este es también el sistema del CCE, del CCF y del BGB.

este último supuesto es innecesario. En efecto, el art. 232-21 letra c CCCat advierte que "*si ninguno de los cónyuges obtiene incremento patrimonial, no habrá crédito de participación*" ya que se tratará de un derecho de crédito cuyo titular es indeterminado; luego, no podrá existir aquél.

La determinación del titular del derecho de crédito de participación, así como de la cuantía del mismo, no tiene efecto retroactivo al momento de la extinción.

El titular del derecho de crédito de participación es aquel que sea "cónyuge" y no haya obtenido incremento patrimonial o si lo ha obtenido sea inferior al de su consorte. En el primer caso, tendrá derecho a la mitad del incremento patrimonio [art. 232-21 letra a CCCat, § 1378 BGB, art. 1575 CCF, art. 12.1 CFA, Principio 4:31 (1)]; en el segundo, a la mitad de la diferencia entre incrementos patrimoniales (art. 232-21 letra b CCCat, art. 12.1 CFA)[176]. El porcentaje del 50 % puede alterarse en virtud de la autonomía de los cónyuges, como establece el art. 232-15 CCCat, por lo que el cónyuge acreedor podrá reclamar el importe que corresponda al porcentaje pactado en concepto de participación[177].

[176] En el caso de la compensación económica por razón de trabajo, se recordará que el art. 232-5.4 CCCat alude a la cuarta parte de la diferencia de incrementos patrimoniales, aunque las partes pueden establecer otro porcentaje o, incluso, el juez puede variarlo si se prueba que la contribución del cónyuge acreedor fue notablemente superior.

[177] Vid. epígrafe II, 3.2.1.

VI. SATISFACCIÓN DEL DERECHO DE CRÉDITO DE PARTICIPACIÓN

En relación con la satisfacción del derecho de crédito de participación, debemos centrarnos, en primer lugar, en el tenor literal del precepto que la aborda, el art. 232-22 CCCat y en la naturaleza del derecho de crédito de participación (1.), en segundo término, en la forma de pago, que puede consistir en bienes o en dinero (2.), en tercera posición, trataremos de la solicitud de medidas cautelares para asegurar el pago del derecho de crédito (3.) y, finalmente, de los actos realizados en perjuicio o en fraude de éste (4.).

1. LA REDACCIÓN POCO AFORTUNADA DEL ART. 232-22 CCCAT. NATURALEZA DEL DERECHO DE CRÉDITO DE PARTICIPACIÓN

El art. 232-22.1 CCCat comprende dos preceptos del CF, los arts. 58 y 59 que se corresponden con el art. 57 CDCC y con los arts. 1431-1432 CCE. El primer precepto representa la fusión poco afortunada, por la redacción que se le ha dado, de los arts. 58.1 y 59.1 CF. En efecto, el art. 232-22.1 CCCat advierte que:

> "El crédito de participación se ha de pagar en dinero, salvo que las partes acuerden otra cosa. No obstante esto, por causa justificada y a petición de cualquiera de las partes o de sus herederos, la autoridad judicial puede ordenar el pago total o parcial con bienes de la persona obligada".

Por su parte, el art. 58.1, en su primer inciso, del CF indicaba que:

> "El crédito de participación se ha de pagar en dinero…".

Y el art. 59.1 CF establecía que:

> "No obstante lo que dispone el artículo 58, el crédito de participación se puede pagar con la adjudicación de bienes concretos, por acuerdo de las partes interesadas. A pesar de todo, la adjudicación de bienes en pago puede ser pedida unilateralmente por el deudor o deudora o por el acreedor o acreedora, y la autoridad judicial puede concederla si existe un interés atendible".

De entrada, debe afirmarse que el derecho de crédito de participación tiene naturaleza pecuniaria. Se trata de un crédito pecuniario que debe, por tanto, satisfacerse en dinero. Ahora bien, si las partes lo acuerdan podrán satisfacerlo en bienes. Hasta aquí la redacción del primer inciso del art. 232-22.1 CCCat. Pero, entonces, el precepto autoriza a las partes o a sus herederos para solicitar a la autoridad judicial que ordene el pago total o parcial con bienes. De ahí que diga, "*No obstante esto...*" que se correspondería con el tenor del art. 59.1 CF "*No obstante lo que dispone el artículo 58...*". El adverbio adversativo del art. 232-22.1 CCCat no tiene demasiado sentido; el del art. 59.1 CF, en cambio, sí lo tenía.

Por otro lado, el párrafo tercero del art. 232-22 CCCat debería haberse redactado después del primer párrafo para que la sistemática del precepto fuera la adecuada.

2. FORMA DE PAGO: EN DINERO O EN BIENES. PRESCRIPCIÓN DE LA PRETENSIÓN

En primer lugar, abordaremos el pago en dinero al tratarse de un crédito pecuniario regido por el derecho de obligaciones, aunque por su origen se pueda calificar de "matrimonial"[178] (2.1.); posteriormente, nos centraremos en el pago "in natura" con las cuestiones relativas a la adjudicación de la vivienda familiar cuando el régimen se extingue por muerte o declaración de fallecimiento de uno de los cónyuges (2.2.), seguidamente, destacaremos el dato de que no se ha previsto la imputación de bienes atribuidos durante la vigencia del régimen por el cónyuge deudor al acreedor en pago del crédito de participación, (2.3.) para finalizar con el plazo de prescripción de la pretensión reclamando el pago del crédito (2.4.).

---

[178] Badosa Coll, F., "Comentari a l'art. 58 CDCC" en Casanovas i Mussons, A. / Egea i Fernández, J. / Gete-Alonso y Calera, Mª. Del C. / Mirambell i Abancó, A., *Comentari a la modificació de la Compilació en materia de relacions patrimonials entre cònjuges*, Generalitat de Catalunya, Departament de Justícia, Barcelona, 1995, p. 330.

2.1. Pago en dinero. Aplazamiento y pago a plazos

Si el derecho de crédito de participación se satisface en dinero, debe tenerse presente lo que establece el art. 232-22.3 CCCat al cual acabamos de hacer referencia. Este apartado establece la posibilidad de que el cónyuge deudor (o sus herederos), cuyo interés se protege otorgándole, además, un "*ius variandi*", solicite a la autoridad judicial un aplazamiento del pago (art. 1431 CCE, § 1382 BGB) o que se fijen plazos para el pago. Luego, la regla general, es que el derecho de crédito, que es pecuniario, sea exigible inmediatamente una vez ha nacido el mismo[179]. El carácter pecuniario del crédito lo remarca específicamente el Principio europeo 4:31 (4).

Para que el aplazamiento del pago o su fraccionamiento sea apreciable por la autoridad judicial se tiene que alegar una "*causa que lo justifique*". El art. 58.1 CF aludía a "*un interés atendible*". Por su parte, el art. 1431 CCE, alude a "*dificultades graves para el pago inmediato*"[180] de forma similar a como lo hace el art. 1576.1 CCF y el art. 218 CCS. En similar sentido, se pronuncia el art. 17.1 CFA y el Principio europeo 4:31 (5).

Una posible causa que justificaría solicitar estas medidas podría ser la situación de iliquidez del cónyuge deudor[181] o si se prevé una futura, pero inmediata, situación concursal. Si el cónyuge ya ha sido declarado en concurso, entonces, habrá que atender a las normas concursales, las cuales a estos efectos, equipararían el régimen de participación al de separación (art. 78 LC).

Tanto en caso de aplazamiento del pago como de pago a plazos, que es una decisión discrecional del juez, el cual sólo tiene en cuenta la justificación de la causa alegada por el deudor, la medida puede adoptarse siempre que consista en un vencimiento máximo de tres años a contar desde el momento de la exigibilidad de la deuda, debiendo satisfacerse intereses legales por el cónyuge deudor desde que se reconoció la medida y, en cualquier caso, si el juez lo considera, podrá exigirle que constituya garantías suficientes (art. 17.2 y 3 CFA). El plazo de tres años, que ya se establecía en el art. 57.2 CDCC, podría aparecer inspirado en el art. 1431 CCE que, a su vez, lo toma del art. 1578.4 CCF que se refiere a la prescripción de la acción de liquidación y del derogado § 1378 IV BGB que aludía al plazo de prescripción de tres años de la pretensión para solicitar la satisfacción del derecho de crédito de participación.

---

179 Algarra Prats, E., *El régimen*, p. 263.

180 En relación con la interpretación de "dificultades graves", vid. Algarra Prats, E., *El régimen*, pp. 265-266.

181 Casas Vallés, R., "Comentari a l'art. 58 CF", p. 313.

2.2. Pago "in natura". Adjudicación de la vivienda familiar

El pago puede hacerse en bienes (cosas y derechos, ex art. 511-1 CCCat)[182] si así lo acuerdan los cónyuges o uno de ellos con los herederos del otro, si bien no se trata de una operación particional como prevé, en cambio, el art. 1577 CCF. En el primer caso, lo pueden pactar los cónyuges al inicio del régimen como una obligación facultativa o, si se acuerda en el momento del cumplimiento, se trataría entonces de una dación en pago (art. 111-6 CCCat). El pago en bienes también puede ser ordenado por la autoridad judicial[183]. En este supuesto, lo puede solicitar cualquiera de las partes o de sus herederos pero tiene que existir una causa que lo justifique. El art. 232-22.1 CCCat atribuye la facultad de solicitar el pago "in natura" tanto al acreedor como al deudor. El art. 1432 CCE atribuye esta facultad tan sólo al deudor siguiendo al derecho francés (art. 1576.2 CCF). En cambio el § 1383 BGB se la atribuye al acreedor, el cual debe identificar en su petición los bienes exactos que desea que se le adjudiquen. El art. 232-22.1 CCCat mantiene la opción que ya, en su momento, ofrecieron a ambos cónyuges tanto el art. 59.1 CF como el 57.2 CDCC. Una causa que puede justificar que lo solicite el deudor puede ser la dificultad de conseguir la suma de dinero necesaria para satisfacer el derecho de crédito[184]. Para el acreedor podría ser un valor más de carácter afectivo o personal de determinados bienes que ha utilizado durante la vigencia del régimen y que constan en el patrimonio del cónyuge deudor o que se han adquirido durante su vigencia (v. gr. bienes de uso personal o profesional)[185]. En caso de pago "in natura" también, eventualmente, se podría solicitar un aplazamiento del pago existiendo causa que lo justificara. Si no se ha pactado el pago "in natura", o no lo solicita cualquiera de las partes al juez, el crédito de participación debe satisfacerse en dinero puesto que se trata de un crédito de naturaleza pecuniaria. La posibilidad de exigir un pago "in natura" sin necesidad de alegar causa que lo justifique sólo tiene lugar en el supuesto de muerte de uno de los cónyuges y respecto de la vivienda familiar (art. 232-22.2 CCCat).

---

182 Según el art. 9.3 LAU modificada por la Ley 4/2013 de 4 de junio de medidas de flexibilización y fomento del mercado del alquiler de viviendas (BOE núm. 134 de 5 de junio), no procede la prórroga obligatoria del contrato si, una vez transcurrido el primer año de duración del mismo el arrendador comunica al arrendatario, que tiene necesidad de la vivienda arrendada, para destinarla a vivienda permanente para su cónyuge en los supuestos de sentencia firme de separación, divorcio o nulidad matrimonial. Así, podría suceder que el arrendador fuera el cónyuge deudor que conviniera con el acreedor, en pago del crédito de participación, la entrega de la vivienda o la adjudicación de su derecho de uso o habitación.

183 En ambos casos se trata de una dación en pago, ya sea convencional o judicial (Beignier, B., *Régimes matrimoniaux,* p. 236).

184 Casas Vallés, R., "Comentari a l'art. 59 CF", p. 315.

185 Morales Moreno, A. M., "Comentario al art. 1432 CC", p. 1905; Algarra Prats, E., *El régimen*, pp. 276-277.

Los bienes concretos con los cuales se satisface el crédito serán acordados por los propios cónyuges si ellos pactaron el pago "in natura" o los indicará el cónyuge que solicite judicialmente el mismo pudiendo tratarse de bienes no matrimoniales[186]. La cuestión que se plantea aquí es el momento de valoración de los bienes con los que se paga el crédito. Parece que tendría que ser el momento en que se realice el pago. Un argumento a favor de esta solución se encuentra en el art. 451-13 CCCat, en virtud del cual los bienes de la herencia que sirven como pago de la legítima se estiman por su valor en el momento en que la persona legitimada para pagarla los elige o los adjudica y lo notifica al legitimario[187]. Si se tiene presente que el legislador catalán, como trataremos posteriormente, ha introducido en el régimen de participación una norma propia de la inoficiosidad legitimaria, cual es la del art. 232-24 CCCat y que el derecho de participación es un derecho de crédito, como también lo es el derecho a la legítima, no resulta descabellada la propuesta que hacemos. De ello, resultaría que los bienes se valorarían en dos momentos diferentes: primero, en el momento de la extinción del régimen o, incluso, antes si se da la retroacción de efectos recogida en el art. 232-17 CCCat y, segundo, en el momento del pago cuando se tenga éste que efectuar con bienes del patrimonio del cónyuge deudor.

Si existe controversia acerca de la calidad de los bienes y de su valor, podrán las partes recurrir a la autoridad judicial competente que deberá decidir en equidad en un procedimiento de jurisdicción voluntaria. Además, puede ordenar que se practique una prueba pericial para conocer la calidad y el valor de los bienes (art. 451-12 CCCat). Si la controversia se plantea cuando se solicita judicialmente el pago "in natura", deberá decidir la autoridad judicial que conozca de la causa que justifique conceder dicho pago. En este caso, es probable que la causa determine ya los bienes que se soliciten, por lo que decidiendo sobre la causa se decidirá sobre los bienes que se adjudican en pago del crédito de participación. En otros casos, no será así (v. gr. cuando la solicita el deudor por no disponer de líquido con el que satisfacer el crédito), por lo que nos parece que deberá decidir también en equidad (art. 111-9 CCCat).

Aludir al momento de valoración implica plantearse el aspecto relativo al estado material y jurídico de los bienes que se dan en pago del crédito. El art. 451-13 CCCat en sede de pago de legítima que alude al momento de valoración no aborda, sin embargo, este importante extremo. Entendemos que debería tenerse en cuenta el estado del bien en el momento del pago o cumplimiento que es el momento en el que se valora el bien. Esta regla podría aplicarse al caso que nos ocupa.

---

186 Badosa Coll, F., "Comentari a l'art. 58 CDCC", p. 339. Morales Moreno, A. M. aboga por lo que decida el juez ("Comentario al art. 1432 CC", p. 1906).

187 La misma norma se contempla en relación con la cuarta viudal al remitirse el art. 452-4.2 CCCat, en materia de pago, a las normas sobre pago de la legítima.

El art. 232-22.2 CCCat otorga sólo al cónyuge acreedor (luego, no a sus herederos) una facultad para exigir del otro o de sus herederos la adjudicación de la vivienda familiar en propiedad o en usufructo en caso de que la extinción del régimen acontezca por muerte o declaración de fallecimiento de uno de los cónyuges[188], lo que presupone que la misma todavía se encuentra en el patrimonio del cónyuge deudor, pues, en caso contrario, no ha lugar a la adjudicación[189], dejando a salvo las acciones que recoge el art. 232-24 CCCat[190]. En el art. 481 CCQ esta es una facultad que corresponde al cónyuge deudor. En el derecho catalán, ha sido tradicionalmente una facultad atribuida al acreedor (art. 57.4 CDCC, art. 59.2 CF) que se inspiró en el art. 219 CCS, si bien este segundo se refería tanto a adjudicación en propiedad, usufructo o habitación[191]. El derecho catalán sólo aludía a que se adjudicara la vivienda familiar, con lo cual, podía ser por cualquier título jurídico-real. En cambio, en el nuevo precepto, se ha añadido "en usufructo"[192]. La adjudicación de la vivienda familiar también aparece en el art. 481 CCQ que extiende esta opción al supuesto en que el cónyuge deudor no tenga patrimonio suficiente con el que afrontar el pago del crédito de participación. El cónyuge acreedor puede imponer esta adjudicación a los herederos del deudor hasta el punto de que si el valor de ésta va más allá que lo que le corresponde, podrá abonar la diferencia en dinero (art. 232-22.2 CCCat). No necesita alegar ninguna causa que justifique su preferencia por la adjudicación de la vivienda familiar a diferencia de cuando solicita otros bienes del cónyuge deudor como pago "in natura". La doctrina[193] propone, sin embargo, la existencia de cierta proporcionalidad entre la adjudicación de la vivienda familiar y la cuantía a satisfacer por crédito de participación para que

---

188 La referencia a la adjudicación de la vivienda familiar, si tiene la consideración de bien común, también es pertinente en sede de comunidad de bienes, como advierte el art. 232-38.2 CCCat, si bien en este caso sólo alude a la adjudicación de la titularidad dominical ya que se trata de dividir bienes comunes. En el caso del régimen de participación al no existir bienes comunes se puede adjudicar la vivienda en usufructo que para el cónyuge deudor podría ser menos gravoso.

189 Cuando el régimen no se extinga por muerte de cualquiera de los cónyuges, la adjudicación de la vivienda familiar puede solicitarse al juez, tanto por el cónyuge acreedor como por los herederos del deudor, si existe causa que lo justifique (art. 232-22.1 CCCat).

190 Por eso, nosotros señalábamos (epígrafe IV, 2.2.) que quizá la prohibición de disponer que establecía el art. 54.2 CF hubiera podido mantenerse respecto de la vivienda familiar, en caso de que el régimen de participación se extinguiera por muerte de uno de los cónyuges, para que el que resulte acreedor pueda solicitar, en su caso, la adjudicación de la misma en pago del crédito.

191 La constitución de este último derecho real podría, en el derecho catalán, ser posible al amparo del principio de libertad civil (art. 111-6 CCCat). Por tanto, mediante pacto de las partes.

192 En relación con el CF, Casas Vallés, R. advirtió de la posibilidad de constituir un derecho real limitado en lugar de adjudicar la propiedad de la vivienda conyugal. La reflexión partía del presupuesto de que cuando el art. 59.2 CF aludía a "adjudicar" era siempre "en propiedad", lo que no necesariamente era así, pues, el precepto no se pronunciaba acerca del título de la adjudicación ("Comentari a l'art. 59 CF", p. 317).

193 Badosa Coll, F., "Comentari a l'art. 58 CDCC", p. 345.

la misma tenga lugar (así, debería excluirse la adjudicación cuando el crédito de participación ascendiera a, por ejemplo, 200 euros).

La adjudicación de la vivienda familiar y los bienes muebles que conforman el ajuar doméstico puede hacerse por la autoridad judicial, si así lo considera en interés de la familia y siempre en concepto de pago del crédito de participación, de acuerdo con el Principio europeo 4:30.

Si el cónyuge acreedor fuera usufructuario universal del patrimonio del cónyuge premuerto (art. 442-3.1 CCCat), entonces no tendría sentido solicitar la adjudicación en usufructo de la vivienda familiar puesto que éste ya le corresponde. Sería, quizá, más interesante para el acreedor solicitar la adjudicación en propiedad. Si decidiera conmutar el usufructo universal por la cuarta parte de la herencia, podría exigir que, en lugar del usufructo de la vivienda familiar o conyugal al que se refiere el art. 442-5.1 CCCat, se le adjudicara la propiedad de ésta con base en la norma prescrita en el art. 232-22.2 CCCat.

En todo caso, desde la muerte del cónyuge deudor, el acreedor tiene derecho al año de viudedad (art. 231-31 CCCat) que implica el derecho a continuar usando la vivienda familiar y a ser alimentado a cargo de la herencia, para ello no debe ser usufructuario universal de la herencia del premuerto.

En relación con el ajuar doméstico, en caso de extinción del régimen por muerte o declaración de fallecimiento de uno de los cónyuges, no se advierte nada en régimen de participación, a diferencia del art. 482 CCQ que permite que el cónyuge acreedor reclame que se satisfaga el crédito "in natura" con bienes que forman parte del ajuar doméstico o con otros bienes siempre que tengan el carácter de "familiares" (esto es, "matrimoniales"), por lo que debe aplicarse el art. 231-30 CCCat.

2.3. ¿Imputación de bienes al pago del crédito de participación?

Debe hacerse notar que no existe ninguna norma específica en materia de regulación del régimen de participación que estatuya la imputación al pago del crédito de participación de aquellas atribuciones patrimoniales que hubiera efectuado el cónyuge deudor a favor del acreedor como, por el contrario, sí ha considerado oportuno el legislador catalán introducir la imputación en relación con la compensación económica por razón de trabajo en el régimen de separación de bienes (art. 232-5.5. CCCat en relación con las atribuciones *mortis causa* y art. 232-6.2 CCCat con las *inter vivos*). De igual manera acontece con el derecho de crédito del legitimario (art. 451-8 CCCat).

En nuestra opinión, debería haberse también admitido expresamente en el régimen de participación como se hace en el derecho alemán (§ 1380 I BGB)[194]. De todos modos, como a tenor del art. 232-13.3 CCCat, las reglas del régimen de separación se aplican supletoriamente al de participación, siempre podría sostenerse que las normas de los arts. 232-5.5 y 232-6.2 CCCat serían aplicables al pago del crédito mediante imputación[195].

En este extremo, el CCE difiere del BGB al seguir el CCF que tampoco contempla semejante imputación.

2.4. Prescripción de la pretensión

Para determinar el plazo de prescripción de la pretensión, hay que diferenciar si estamos ante un pago a plazos o no, ya que en el primer caso, será trienal (art. 121-21 CCCat); mientras que en el segundo será decenal (art. 121-20 CCCat). En este último caso, parece un plazo demasiado extenso para liquidar situaciones jurídicas y habría estado bien que el legislador hubiera establecido un plazo a efectos de liquidación o bien un plazo de prescripción de la pretensión inferior a los diez años, como ha hecho con la pretensión para reclamar la compensación económica por razón de trabajo en caso de extinción del régimen por muerte de uno de los cónyuges, que es de tres años (art. 232-11.2 CCCat)[196]. De todos modos, habida cuenta de que el plazo de caducidad de las acciones que prevé el art. 232-24 CCCat es de cuatro años desde la extinción del régimen[197], si el cónyuge no reclama el pago de su derecho de crédito de participación antes de esos cuatro años, puede suceder que, si el cónyuge deudor no tiene bienes suficientes para satisfacerlo, aquél vea caducadas las acciones y no pueda solicitar la supresión o reducción de determinados negocios jurídicos realizados por el deudor ni la impugnación de los actos realizados en fraude de su derecho. Este plazo de caducidad de cuatro años, debe ser un estímulo para que las partes no esperen demasiado tiempo en la liquidación del régimen y

194 Esta solución podría ser más equitativa puesto que en la actualidad el CCCat admite que se consigne un patrimonio inicial con saldo negativo.

195 Sobre las cuestiones que plantea la aplicación supletoria del régimen de separación al de participación, vid. epígrafe II, 2.2.

196 El CFA establece también un plazo de prescripción de tres años empezando el cómputo en el momento en que se conoce por el cónyuge acreedor la extinción del régimen, *dies a quo* que no necesariamente ha de coincidir con el momento exacto en que se extinga el régimen. Así, si el régimen se extinguiera por sentencia judicial, desde que ésta se notifique a las partes empezará a correr el plazo, habida cuenta que éste será el momento en que puedan tomar conocimiento de la extinción del régimen. La toma de conocimiento puede darse en cualquier momento dentro de los diez años siguientes a la extinción del régimen. Por tanto, se establece en todo caso un plazo de preclusión de diez años (art. 15).

197 Recuérdese que al plazo de caducidad no alcanza la retroacción de efectos prevista en el art. 232-17 CCCat.

posterior reclamación del crédito. En todo caso, procederá acudir a las acciones generales por incumplimiento (arts. 1101 ss CCE).

Respecto del inicio del cómputo del plazo de prescripción será de aplicación lo establecido en el art. 121-23.1 CCCat en virtud del cual el cómputo se inicia cuando nacida y ejercitable la pretensión el legitimado conoce o puede conocer razonablemente las circunstancias que la fundamentan y la persona contra la cual se puede ejercer. Esto tendrá lugar cuando se haya determinado el crédito de participación, tanto por lo que hace a su titular como a su cuantía, de acuerdo con lo que hemos advertido en el lugar oportuno de este trabajo[198].

Cuando la extinción del régimen no vaya acompañada de la disolución del matrimonio o de la separación, hay que tener en cuenta que el plazo de prescripción se suspende (art. 121-16 letra b CCCat).

3. ANOTACIÓN PREVENTIVA DE EMBARGO PARA ASEGURAR LA SATISFACCIÓN DEL DERECHO DE CRÉDITO DE PARTICIPACIÓN

El art. 232-23 CCCat establece que el acreedor o sus sucesores pueden solicitar la adopción de medidas cautelares, incluida la anotación preventiva de embargo en los registros públicos, para asegurar el pago del crédito de participación mientras se tramita su reclamación. El antecedente de este precepto se encuentra en el art. 60.3 CF y en el art. 58.2 CDCC, los cuales hacían referencia tan sólo a la anotación de la demanda en reclamación del derecho de crédito en los registros públicos[199].

Llama la atención que este precepto aluda a la anotación preventiva de embargo en los registros públicos; mientras que el art. 451-15.2 CCCat se refiere a la anotación preventiva de la demanda de reclamación de la legítima y, en su caso, del suplemento, en el registro de la propiedad y, en la misma dirección, lo prevé el art. 452-4.4 CCCat para la reclamación de la cuarta viudal.

En los tres supuestos de reclamación - participación, legítima, cuarta viudal - se trata de derechos de crédito, por tanto, de derechos personales y se tiene derecho a percibir un valor, si bien cabe el pago "in natura" (art. 452-4.2 CCCat: cuarta viudal; art. 451-11.1 CCCat: legítima; art. 232-22 CCCat: participación). En relación con la anotación preventiva de la demanda en el registro de la propiedad en caso de legítima y cuarta viudal, nos encontramos con el inconveniente de que se trataba de una anotación preventiva atípica (art.

---

[198] Vid. epígrafe VI, 3.2.

[199] Normas cuya ubicación sistemática era incorrecta (Casas Vallés, R., "Comentario al art. 232-23", p. 761; del mismo autor, "Comentari a l'art. 60.3 CF", p. 318).

42.10 LH) ya que no podía encajar esta anotación preventiva de demanda en la propia del art. 42.1 LH que se refiere a bienes concretos; mientras que, en estos casos, se reclama un valor. Esta dificultad se ha salvado por el legislador, en este supuesto, aludiendo a la anotación preventiva de embargo (art. 42.2 LH). Esto significa que la garantía de cobro del crédito serán bienes concretos del deudor.

La referencia a los "registros públicos", en el caso de la anotación preventiva de embargo, supone la anotación en el registro de la propiedad y, en su caso, en el registro de bienes muebles. No se extiende ni al registro civil ni al mercantil. La cuestión es si ¿podría constar la determinación del derecho de crédito al margen de la inscripción del matrimonio? El art. 77 LRC establece que se podrán hacer las "indicaciones" de los hechos que modifiquen el régimen matrimonial. Por su parte, el art. 60.1 de la nueva LRC (Ley 20/2011, de 21 de julio[200]) explicita que estos "hechos" se deben inscribir y no sólo indicar, por lo que parece que difícilmente podrá hacerse constar el crédito de participación en el registro civil.

En relación con el registro mercantil, el art. 22.1 CCo (art. 92.3 RRM) estatuye la inscripción del régimen matrimonial del comerciante en la hoja del registro mercantil. El problema es que se alude a la inscripción de las capitulaciones matrimoniales y no a la inscripción de hechos. Se podría admitir dentro de las causas extintivas del régimen matrimonial en cuyo caso se trataría de una inscripción.

El cónyuge acreedor o sus herederos pueden solicitar cualquier medida cautelar prevista en el art. 727 LEC, siempre que concurran los requisitos para ello.

4. ACTOS EN PERJUICIO Y EN FRAUDE DEL DERECHO DE CRÉDITO DE PARTICIPACIÓN

El art. 232-24 CCCat es el último precepto dedicado a la regulación del régimen de participación. En él se establece que, si en el patrimonio del cónyuge deudor no hay bienes suficientes para satisfacer el crédito, el acreedor podrá solicitar la reducción o la supresión de las donaciones y las atribuciones particulares en pacto sucesorio, otorgadas durante la vigencia del régimen hasta que haya sido liquidado, empezando por la más reciente continuando por la siguiente más reciente y así sucesivamente por orden inverso de fecha. La reducción se tiene que hacer a prorrata si son de la misma fecha o de fecha indeterminada (cfr. art. 232-9 CCCat, art. 451-23.2 CCCat). También podrá impugnar los actos realizados a título oneroso en fraude de su derecho de crédito de participación. Será decisión del cónyuge acreedor o de sus herederos si optan

[200] BOE núm. 175, de 22 de julio de 2011.

por reducir o suprimir o bien por "impugnar" (rescindir) los actos realizados en fraude de su derecho[201].

La posibilidad de dirigirse contra los terceros que han recibido atribuciones patrimoniales de parte del cónyuge deudor aplicando las normas propias del derecho de sucesiones es expresamente reconocida en el art. 220.3 CCS que aplica las reglas de las acciones de reducción y supresión por analogía. Por su parte, el art. 1577 CCF también establece la subsidiariedad de esta medida, esto es, de dirigirse contra las disposiciones realizadas por el cónyuge deudor, si bien sólo se pueden declarar ineficaces sobrevenidamente aquellas donaciones otorgadas entre vivos que no han sido "consentidas" por el otro cónyuge (art. 1573 CCF). Así, el ámbito de aplicación de los actos en perjuicio del crédito de participación se corresponde con el ámbito de bienes que son reunidos ficticiamente en el patrimonio final. Por su parte, el § 1390 BGB también permite que el cónyuge acreedor se dirija contra aquellos terceros que han recibido una atribución patrimonial del deudor reclamándoles, no el bien que recibieron, sino su valor pecuniario. La estimación de ese valor se lleva a cabo según las normas del enriquecimiento injustificado.

Tras una breve referencia a los antecedentes legislativos del precepto (4.1.), nos centraremos en la reducción o supresión de donaciones y atribuciones particulares (4.2.) para después dirigirnos a la impugnación de los actos onerosos (4.3.) y, en último término, la referencia al plazo de caducidad de estas acciones (4.4.).

4.1. Antecedentes legislativos del art. 232-24 CCCat

El legislador catalán, mediante este precepto, ha extendido las reglas de la inoficiosidad legitimaria (art. 451-23.2 CCCat), de la reducción de legados tanto por ser excesivos como para pago de la cuarta falcidia (art. 427-45.2 CCCat) y de la reducción o supresión de legados y donaciones cuando no hay bienes suficientes para satisfacer la cuarta viudal (art. 452-5 CCCat) a supuestos más allá del ámbito sucesorio. Una norma similar a la del art. 232-24 CCCat es la del art. 232-9 CCCat que, en régimen de compensación económica en separación de bienes, representa una novedad y no lo es, en cambio, en el régimen de participación, con la no menos desdeñable diferencia de que, en el ámbito de aplicación de este precepto, sólo entran las donaciones o atribuciones particulares en pacto sucesorio otorgadas durante la vigencia del régimen mientras que, en

[201] Arnau Raventós, L., "L'art. 232-9 CCCat i els actes en perjudici del dret a la compensació econòmica per raó de treball" en *Qüestions actuals del dret català de la persona i de la família*, Materials de les Dissetenes Jornades de Dret català a Tossa, Universitat de Girona, Documenta universitaria, 2013, p. 603.

el régimen de participación, el art. 232-24.1 CCCat comprende también aquellas realizadas con posterioridad, es decir, también aquéllas otorgadas entre la extinción y la liquidación definitiva del régimen matrimonial.

El antecedente legislativo inmediato del art. 232-24 CCCat es el art. 60 CF, el cual llevaba por rúbrica "actos en fraude del crédito" y hacía referencia a la "rescisión de las enajenaciones". Por su parte, el art. 58.1 CDCC, siguiendo al art. 1433 CCE, aludía a "podrá impugnar las enajenaciones", lo cual planteaba el problema de a qué acciones de impugnación se refería el precepto. La doctrina consideraba que se trataba de acciones rescisorias[202] y, por ello, muy probablemente el art. 60 CF aludiera a la rescisión.

El Proyecto de Ley de Libro II CCCat de 2006, en el art. 232-23, también hacía referencia, en su título, a los "actos en perjuicio del crédito" y su redacción efectivamente decía "*no perjudicarán al acreedor las enajenaciones hechas... a título gratuito y sin su consentimiento...*". El precepto vigente, sin embargo, a pesar de que, en el título del mismo, se aludía a "actos en perjuicio del crédito", después se refiere a la reducción o supresión de donaciones o atribuciones particulares en pacto sucesorio. De todos modos, si se tiene presente el período que comprende respecto de los actos que pueden ser suprimidos, reducidos o impugnados en fraude, es decir, durante la vigencia del régimen hasta la (completa) liquidación, podríamos pensar que el legislador catalán ha querido aunar en una única norma ambas situaciones: por un lado, la reducción o supresión de determinados actos y negocios jurídicos propia del derecho de sucesiones (arts. 452-5 CCCat, para el pago de la cuarta viudal; arts. 451-22 a -24 CCCat en inoficiosidad legitimaria; arts. 427-39 y -45 CCCat en legados excesivos; arts. 427-40, -42, -45 CCCat reducción de legados para retener la cuarta falcidia) y, por otro, la norma del "no perjuicio" propia del derecho catalán. En efecto, el "no perjuicio" se refiere a actos o negocios jurídicos que se celebran con posterioridad al nacimiento del derecho de crédito (arg. ex art. 531-14 CCCat). En nuestro caso, el derecho de crédito de participación nace en el momento de la extinción, aunque con cuantía determinable, y no antes, que es el momento en que se consolida la expectativa de derecho[203]. Luego, antes de ese momento difícilmente se podría aludir al "no perjuicio" de esos actos o negocios jurídicos[204]; mientras que, en el lapso temporal que va de la extinción a la liquidación, sí puede aludirse a "no perjuicio" del crédito de participación. De todos modos, la referencia a la liquidación puede ser una consecuencia de haber suprimido la prohibición de disponer de los cónyuges respecto de los bienes durante esta fase que prescribía el derogado art. 54.2 CF[205].

---

[202] Badosa Coll, F., "Comentari a l'art. 58 CDCC", p. 354.

[203] Vid. epígrafe V, 3.2.

[204] En el mismo sentido, vid. Arnau Raventós, L., "L'art. 232-9 CCCat", p. 585.

[205] En esta dirección, lo entiende Casas Vallés, R., "Comentario al art. 232-24 CCCat", p. 763.

4.2. Reducción o supresión de donaciones o atribuciones particulares en pacto sucesorio

En primer lugar, nos centraremos en el presupuesto de ejercicio de estas acciones, esto es, la insuficiencia patrimonial (4.2.1.), después, en el objeto de la reducción o supresión, o sea, las donaciones y las atribuciones particulares en pacto sucesorio (4.2.2.), a continuación, nos detendremos en la acción de reducción o supresión[206] (4.2.3.) y, en último término, en la concurrencia de acciones de reducción o supresión cuando el régimen se extingue por muerte de uno de los cónyuges (4.2.4.).

4.2.1. Presupuesto. La insuficiencia patrimonial

Presupuesto de la reducción o supresión de las donaciones o atribuciones particulares en pacto sucesorio es que exista una situación de insuficiencia patrimonial ("...no hay bienes suficientes para satisfacer el crédito de participación...", art. 232-24.1 CCCat). Esta insuficiencia patrimonial puede existir en el momento de extinción del régimen económico matrimonial que es cuando nace el crédito de participación o, en un momento anterior en virtud de la retroacción de efectos prevista en el art. 232-17 CCCat, pero que todavía exista en el momento de reclamación del crédito de participación. También puede ser una insuficiencia patrimonial sobrevenida, esto es, cuando se extingue el régimen existen bienes y es, en el momento de satisfacer el crédito, que dicha insuficiencia se manifiesta ya que se han otorgado donaciones o atribuciones patrimoniales en pacto sucesorio en el período de tiempo que va desde la extinción a la liquidación definitiva del régimen de participación. De hecho el legislador catalán no establece en qué momento específico debe existir la insuficiencia patrimonial, pero del art. 232-24.1 CCCat parece desprenderse que el momento relevante es el de la satisfacción del crédito de participación[207].

4.2.2. Objeto. Donaciones y atribuciones particulares en pacto sucesorio

Las *donaciones* a las que alude el art. 232-24 CCCat son aquellas otorgadas durante la vigencia del régimen hasta la extinción y desde la extinción hasta

---

[206] Estas acciones no afectan al acto dispositivo sino a la titularidad del donatario o tercer adquirente no protegido reduciéndola o suprimiéndola (Arnau Raventós, L., "L'art. 232-9 CCCat", p. 591).

[207] Aplica este argumento a la reducción o supresión de donaciones y atribuciones patrimoniales en pacto sucesorio cuando de satisfacer la compensación económica por razón de trabajo se trata, Arnau Raventós, L., "L'art. 232-9 CCCat", p. 594.

la liquidación[208]. Las primeras son aquellas donaciones que constan en el patrimonio final "ficticio" (art. 232-19.2 letra a CCCat), incluidas las que no constan porque han sido "consentidas" por el cónyuge no donante. Ahora bien, tanto en el CF (art. 60), en la CDCC (art. 59) como en el CCE la supresión o reducción de las donaciones era de aquéllas que no habían sido "consentidas" por el cónyuge no donante ya que las otras, las "consentidas", precisamente porque se "consintieron", no podían ser objeto ni de supresión ni de reducción, de la misma forma que se establece en el art. 1577 CCF. Además, el art. 60 CF dejaba siempre a salvo de la reducción o supresión, se hubieran consentido o no, las donaciones otorgadas a hijos por razón de matrimonio o para facilitarles una ocupación.

En el art. 232-24 CCCat no se hace esta diferenciación ya que se ha trasladado la regla de la inoficiosidad legitimaria a este supuesto y, en aquélla, no se distingue entre donaciones consentidas y no consentidas limitándose la posibilidad de reducción o supresión a las donaciones computables para el cálculo de la legítima (art. 451-22.3 CCCat). Si aplicáramos analógicamente esta regla tendríamos que las donaciones consentidas y que no forman parte del patrimonio final "ficticio" (art. 232-19.2 letra a CCCat) no deberían ser objeto de reducción ni de supresión como establecía el art. 60 CF.

Sin embargo, no parece ser éste el criterio del legislador, el cual desvincula la computabilidad de las donaciones de su reducción o supresión, y para el cual prima, en cambio, el interés del acreedor en cobrar su crédito de participación y poder reducir o suprimir todas las donaciones otorgadas durante la vigencia del régimen, hasta su liquidación, amplía las posibilidades de cobro para el cónyuge titular del derecho de crédito. Esta primacía del crédito de participación es también respecto de otros acreedores del cónyuge deudor que deberán acogerse a los remedios generales (art. 531-14 CCCat, arts. 1111-1291 CCE) ante su insuficiencia patrimonial y no podrán reducir o suprimir donaciones o atribuciones particulares otorgadas en pacto sucesorio[209].

Se pueden reducir o suprimir las donaciones otorgadas desde la extinción hasta la liquidación que son donaciones respecto de las cuales no se requiere ningún consentimiento ni constan en el patrimonio final "ficticio" y respecto de las cuales, quizá, hubiera bastado la regla del "no perjuicio" a los acreedores que postula el art. 531-14 CCCat. En todo caso, nos parece que de la reducción o de la supresión se excepcionan las liberalidades de uso otorgadas de acuerdo con el nivel y usos de la familia (arg. ex art. 451-5 letra b CCCat).

---

[208] Se excluye cualquier otra adquisición a título gratuito.

[209] Arnau Raventós, L., "L'art. 232-9 CCCat", p. 586.

La ampliación del ámbito temporal del otorgamiento de donaciones para que éstas puedan reducirse o suprimirse, esto es, hasta la completa liquidación puede deberse, como ya apuntábamos más arriba, al hecho de haber suprimido la prohibición de disponer que contemplaba el art. 54.2 CF.

En caso de reducción y supresión, para pago del crédito de participación se ha prescindido de los legados de la misma forma que se ha hecho en caso de compensación económica por razón de trabajo, cuando el régimen de separación se extingue por muerte de uno de los cónyuges (art. 232-9 CCCat); mientras que sí se reducen o suprimen en el ámbito del derecho de sucesiones (arts. 427-39, 427-40, 427-42, 427-45, 452-22.1 y 4, 451-23.1 y 3, 451-24 y 452-5 CCCat). En el caso de las donaciones podría pensarse que se comprenden las donaciones *mortis causa* y no sólo las *inter vivos*. Sin embargo, las donaciones *mortis causa* se rigen por las reglas de la inoficiosidad legitimaria como si se tratara de legados (art. 451-22.2 CCCat) y hay que tener presente que el art. 232-24.1 CCCat no contempla los legados. Como argumento adicional se puede argüir que las donaciones que reciben el mismo tratamiento que las atribuciones particulares en pacto sucesorio son las *inter vivos* a efectos de reducción por inoficiosidad (art. 451-22.2 CCCat)[210].

En lo que concierne a las *atribuciones particulares en pacto sucesorio* debe diferenciarse aquéllas otorgadas durante la vigencia del régimen con entrega de bienes de presente, las cuales tendrían la consideración de donaciones (art. 431-29.3 CCCat), de aquéllas otorgadas sin esa transmisión de presente[211]. Las primeras, al tener la consideración de donaciones deberían quedar ya comprendidas en la regla de las donaciones y, por tanto, su referencia no habría sido necesaria. Respecto de las segundas, sólo tienen sentido si el régimen económico matrimonial se extingue por muerte o declaración de fallecimiento de uno de los cónyuges, no respecto de las otras causas de extinción del régimen[212]. El efecto adquisitivo sólo se produce con la muerte del causante y el favorecido puede tomar posesión del bien objeto de la atribución patrimonial (art. 431-30.4 CCCat), por lo que el cónyuge acreedor deberá dirigirse directamente contra

---

210 Ginebra Molins, M. E., "Compensació per raó de treball ", pp. 437-438.

211 Navas Navarro, S., "Comentari als arts. 431-28-30 CCCat" en Egea i Fernández, J. / Ferrer i Riba, J. (dirs.), *Comentari al llibre quart del Codi civil de Catalunya, relatiu a les successions*, V. II, Barcelona, Atelier, 2009, pp. 1179 ss.

212 Ginebra Molins, M. E., "Compensació per raó de treball", p. 438. Esta autora propone que, a efectos de reducción o supresión, las atribuciones particulares en pacto sucesorio tengan el mismo tratamiento que las donaciones *mortis causa* quedando excluidas del ámbito de aplicación del art. 232-9 CCCat. El mismo planteamiento podría hacerse respecto de la reducción o supresión de estas atribuciones en caso de satisfacción del crédito de participación.

ese tercero favorecido ejercitando las acciones a las que se refiere el art. 232-24.1 CCCat[213].

Téngase presente que, en caso de separación de hecho, judicial, divorcio o nulidad del matrimonio, la atribución particular en pacto sucesorio sería ineficaz, salvo que del pacto resultara otra cosa (art. 431-17.2 en relación con el art. 422-13. 1 y 2 CCCat).

En cualquier caso son donaciones y atribuciones particulares otorgadas a terceros no al propio cónyuge acreedor, respecto del cual debería existir de *lege ferenda* una norma de imputación de éstas al pago del crédito de participación como existe respecto de la satisfacción de la compensación económica (art. 232-6.2 CCCat).

4.2.3. Acción de reducción o supresión

En el art. 232-24.1 CCCat se reconoce legitimación para ejercitar la acción de reducción o supresión al cónyuge acreedor del crédito de participación. Si el régimen de participación se extingue por la muerte de uno de los cónyuges, siendo el premuerto el deudor, y no habiendo bienes suficientes en la herencia para satisfacer el crédito de participación, será el cónyuge sobreviviente acreedor el que estará legitimado activamente para ejercer la acción de reducción o supresión de donaciones o atribuciones particulares en pacto sucesorio. Lo mismo sucede en el art. 232-9 CCCat respecto de la compensación económica por razón de trabajo. La cuestión sería extender esta legitimación a los herederos del cónyuge deudor para poder así conseguir bienes con los que satisfacer el derecho de crédito[214]. Esta es una legitimación presente tanto en el art. 452-5.1 CCCat para la cuarta viudal como en el art. 451-24 CCCat para la legítima.

La reducción o supresión representan un remedio subsidiario que sólo entra en juego cuando no haya bienes suficientes en el patrimonio del cónyuge deudor. La insolvencia que tiene en cuenta el art. 232-24 CCCat es la provocada por el deudor, no aquélla que proviene de actos fortuitos y que debe existir en el momento en que se pretenda el pago del crédito de participación[215].

Por otro lado, la reducción o supresión no afecta al negocio dispositivo sino a la titularidad del tercero. ¿Podría *éste evitar la reducción o la supresión pagando la diferencia en dinero ya que el crédito de participación es un crédito*

---

213 En relación con el art. 232-9 CCCat así lo entiende, Arnau Raventós, L., "L'art. 232-9 CCCat", p. 592.

214 Ginebra Molins, M. E., "Compensació per raó de treball", p. 436.

215 Casas Vallés, R. entiende que la insolvencia debe existir ya en la fase de liquidación del régimen ("Comentario al art. 232-24 CCCat", p. 763).

pecuniario? Esta opción se prevé en sede de inoficiosidad legitimaria en el art. 451-22.4 CCCat y en sede de reducción de legados en el art. 427-45.2 CCCat[216]. El art. 232-24 CCCat nada advierte al respecto. No habría inconveniente en aplicar por analogía la regla del art. 451-22.4 CCCat en materia de inoficiosidad legitimaria[217]. El legislador catalán podría también haberse inspirado, a este respecto, en el art. 220 del CCS que aplica en este caso las reglas de reducción o supresión del derecho de sucesiones por analogía o en el § 1390 BGB en el cual se permite que el tercero pueda evitarla pagando la diferencia en dinero.

Sea lo que fuere, lo cierto es que si es suficiente con "reducir" no deberá acudirse a "suprimir". Aunque el art. 232-24.1 CCCat alude indistintamente a "reducir" o "suprimir" parece que debe el cónyuge acreedor decantarse primero por la reducción y sólo cuando ésta no sea suficiente acudir a la supresión.

4.2.4. Concurrencia de acciones de reducción o supresión en caso de extinción del régimen de participación por muerte de uno de los cónyuges

Un problema adicional se presenta respecto del orden de prelación cuando, en caso de muerte del cónyuge acreedor, concurren varios supuestos en los que se puede reducir o suprimir donaciones, legados o atribuciones particulares en pacto sucesorio. Sería el caso, por ejemplo, de tener que liquidar el régimen económico matrimonial de participación, extinguido por la muerte de uno de los cónyuges, además de, en su caso, satisfacer el derecho a la cuarta viudal (art. 452-5 CCCat) y a la cuarta legítima (art. 451-22 a -24 CCCat). Así, concurrirían tres acciones de supresión o reducción: la del pago del crédito de participación (art. 232-24.1 CCCat), la de inoficiosidad legitimaria (art. 451-22.3 CCCat) y la del pago de la cuarta viudal (art. 452-5 CCCat)[218].

Un posible orden sería, primero, la reducción o supresión de las donaciones o atribuciones particulares para pago del derecho de crédito de participación al derivarse de la liquidación del régimen económico matrimonial, la cual es previa a la fijación del caudal hereditario. Esto implicaría el tener que recalcular la legítima puesto que las donaciones y atribuciones particulares en pacto sucesorio se deberían reducir o suprimir a efectos de inoficiosidad legitimaria

[216] El abono de la diferencia en dinero también se contempla en el art. 325 CDCC en materia de rescisión por lesión.

[217] Arnau Raventós, L., "L'art. 232-9 CCCat", p. 598; Ginebra Molins, M. E., "Compensació per raó de treball", p. 435.

[218] Las de reducción o supresión de legados excesivos o para cobrarse la cuarta falcidia no concurrirían puesto que los legados quedan fuera de la reducción o supresión en el art. 232-24.1 CCCat.

ya reducidas por la primera acción. En último término, procedería la acción de reducción prevista para la cuarta viudal (art. 452-5 CCCat)[219].

4.3. Actos onerosos celebrados en fraude del derecho de crédito de participación

Los actos (no sólo las enajenaciones) celebrados a título oneroso en fraude del derecho de participación también son impugnables, en este caso, rescindibles[220], cuando exista una situación de insuficiencia patrimonial en el momento de satisfacción del crédito de participación. Debe tenerse presente que estos actos, cuando se celebran durante la vigencia del régimen, según el art. 232-19.2 letra b CCCat, son considerados en el patrimonio final "ficticio"[221]. Los celebrados después hasta la completa liquidación del régimen también son rescindibles. La razón de ello estriba, como hemos apuntado con anterioridad, quizá en el hecho de que el legislador catalán haya suprimido la prohibición de disponer del art. 54.2 CF que se aplicaba durante la fase de liquidación y, por otro lado, ampliar al máximo las posibilidades de cobro para el cónyuge acreedor.

El fraude que tiene en cuenta el art. 232-24 CCCat es el del enajenante, cónyuge deudor, no el del adquirente[222].

4.4. Plazo de las acciones por supresión o reducción y de la rescisión por fraude

Las acciones para solicitar la reducción, la supresión o la rescisión, a la que venimos aludiendo, caducan en el plazo de cuatro años[223] (cfr. art. 322 CDCC). El inicio del cómputo es el momento en que se considere extinguido el régimen matrimonial, sin que al *dies a quo* alcance la norma de la retroacción de los efectos de la extinción que postula el art. 232-17 CCCat. Por su parte, el art. 1434 CCE establece también un plazo de caducidad pero más breve, tan sólo dos años.

---

219 Ginebra Molins, M. E., "Compensació per raó de treball", p. 441.

220 Arnau Raventós, L., "L'art. 232-9 CCCat", p. 600.

221 En relación con la compensación económica por razón de trabajo, vid. el art. 232-9.1 CCCat y el art. 232-6.1 letra b final el cual añade al patrimonio de cada uno de los cónyuges el valor del "detrimento" producido por actos hechos con la intención de perjudicar al otro cónyuge. En cuanto a lo que deba entenderse por esta expresión, vid. nota a pie de página n. 127.

222 Badosa Coll, F., "Comentari a l'art. 58 CDCC", p. 356.

223 Al tratarse de caducidad y de una relación jurídica disponible, el plazo se podrá suspender, si bien dicha suspensión deberá alegarse por la parte a la que interese (art. 122-3 CCCat).

En relación con el plazo de caducidad se plantea el problema de que la acción ya haya caducado incluso antes de iniciada la liquidación. En efecto, los actos jurídicos o titularidades reales objeto de rescisión, reducción o supresión respectivamente son aquellos celebrados durante la vigencia del régimen hasta la liquidación pero, en cambio, el *dies a quo* de la acción es el momento de la extinción cuando tal vez todavía ni siquiera se ha celebrado el negocio que después puede ser objeto de la rescisión u otorgado el título que después se suprime o rescinde. Es más, pudiera ser que incluso la acción ya hubiera caducado cuando se celebre el negocio jurídico y, consiguientemente, ya no se pueda solicitar ninguna de las tres situaciones, esto es, reducción, supresión o rescisión. Por eso, debería *de lege ferenda* fijarse el inicio del cómputo, en el momento en que pudo razonablemente conocerse la cuantía del crédito, esto es, cuando el crédito se determinó[224]. El conocimiento razonable también se prevé en el art. 122-5.1 CCCat.

El ejercicio de las acciones tampoco procede cuando los bienes se encuentran en poder de terceros adquirentes a título oneroso de buena fe ya se trate de bienes muebles o inmuebles (art. 232-24.2 CCCat, art. 522-4 CCCat, art. 34 LH). De todos modos, el cónyuge acreedor siempre tendrá a su disposición las acciones por incumplimiento (arts. 1101 ss CCE).

---

[224] BADOSA COLL, F., "Comentari a l'art. 58 CDCC", p. 354; GINEBRA MOLINS, M. E., "Compensació per raó de treball", p. 443.

BIBLIOGRAFÍA CITADA

ALBARIAN, A. "Les régimes matrimoniaux en droit français – Aspects de droit civil et de droit fiscal" en BONOMI, A. / STEINER, M., *Les régimes matrimoniaux en droit comparé et en droit international privé*, Librairie Droz, Ginebra, 2006.

ALGARRA PRATS, E., *El régimen económico-matrimonial de participación*, La Ley, Madrid, 2000.

ANTOKOLSKAIA, M. "Harmonisation of Family Law in Europe: A Historical Perspective" en ANTOKOLOSKAIA, M. (ed.), *Convergence and Divergence of Family Law in Europe*, V. 18, Intersentia, EFL, Antwerpen / Oxford, 2007.

ARNAU RAVENTÓS, L., "L'art. 232-9 CCCat i els actes en perjudici del dret a la compensació econòmica per raó de treball" en *Qüestions actuals del dret català de la persona i de la família*, Materials de les Dissetenes Jornades de Dret català a Tossa, Universitat de Girona, Documenta universitaria, 2013.

BADOSA COLL, F., "Comentari a l'art. 58 CDCC" en CASANOVAS I MUSSONS, A. / EGEA I FERNÁNDEZ, J. / GETE-ALONSO Y CALERA, Mª. DEL C. / MIRAMBELL I ABANCÓ, A., *Comentari a la modificació de la Compilació en materia de relacions patrimonials entre cònjuges*, Generalitat de Catalunya, Departament de Justícia, Barcelona, 1995.

BALLESTER GINER, E., "El régimen de participación en el derecho español", *RCDI*, 1990.

BECKER, E., "The Franco-German Agreement on an elective "community of accrued gains" matrimonial property regime", Directorate-General for internal policy, Policy department citizens' rights and constitutional affairs, 2010, pp. 4-15.

BEIGNIER, B., *Régimes matrimoniaux, pacs, concubinage*, LMD, Montchrestien, París, 2010.

BOELE-WOELKI, K. / BRAAT, B. / CURRY-SUMNER, I., *European Family Law in Action*, V. IV: Property Relations between Spouses, Intersentia, EFL, Antwerp / Oxford / Portland, 2009.

BOELE-WOELKI, K. / JÄNTERÄ-JAREBORG, M. "Initial results of the work of the CEFL in the field of property relations between spouses", en BOELE-WOELKI, K. / MILES, J. / SCHERPE, J. M., (eds.), *The Future of Family Property in Europe*, V. 29, Intersentia, Cambridge / Antwerp / Portland, 2011.

BOELE-WOELKI, K. / FERRAND, F. / GONZÁLEZ BEILFUSS, C. / JÄNTERÄ-JAREBORG, M. / LOWE, N. / MARTINY, D. / PINTENS, W., *Principles of European Family Law Re-*

garding Property Relations Between Spouses, Intersentia, Cambridge / Antwerp / Portland, 2013.

BOSCH CAPDEVILA, E., "La naturalesa jurídica de l'associació a compres i millores", *Materiales de les vuitenes Jornades de Dret català a Tossa*, Tirant Lo Blanch, Valencia, 1996.

BOSCH CAPDEVILA, E., "La configuració de la compensació econòmica per raó de treball en el llibre segon del Codi Civil de Catalunya" en *Qüestions actuals del dret català de la persona i de la familia*, Materials de les Dissetenes Jornades de Dret català a Tossa, Universitat de Girona, Documenta universitaria, 2013.

BRAAT, B., "Matrimonial Property Law: Diversity of Forms, Equivalence in Substance?" en ANTOKOLOSKAIA, M. (ed.), *Convergence and Divergence of Family Law in Europe*, V. 18, Intersentia, EFL, Antwerpen / Oxford, 2007.

BRUDERMÜLLER, G., "Die Neuregelungen im Recht des Zugewinnausgleichs ab 1.9.2009 – Negatives Anfangs- und Endvermögen, erweiterte Auskunftspflichten, Änderung des Stichtags-, Konkretisierung der Beweislast-", *FamRZ* 56. Jahrgang, Heft 14, 15. Juli 2009.

BRUDERMÜLLER, G., "Zugewinngemeinschaft: Struktur und Reform", en LIPP, V. / SCHUMANN, E. / VEIT, B. (eds.), *Die Zugewinngemeischaft – ein europäisches Modell?*, 7. Göttinger Workshop zum Familienrecht 2008, Universitätsverlag Göttingen, 2009.

CAMACHO CLAVIJO, S. "La construcción de un concepto teórico de plusvalía en el régimen de participación en las ganancias", ADC en prensa.

CASAS VALLÉS, R. "Comentari als arts. 48-60 CF" en EGEA I FERNÁNDEZ, J. / FERRER I RIBA, J. *Comentaris al Codi de familia, a la llei d'unions estables de parella i a la llei de situacions convivencials d'ajuda mútua*, Tecnos, Madrid, 2000.

CASAS VALLÉS, R., "Comentario a los arts. 232-13 a 232-24 CCCat" en ROCA TRIAS, E. / ORTUÑO MUÑOZ, P., *Persona y familia: Libro II del Código civil de Cataluña*, Las Rozas, Madrid, Sepin, 2011.

COOKE, E. / AKOTO, A. / BARLOW, A. / CALLUS, M., "Community of Property: a regime for England and Wales: Interim report", *IFL*, 2005.

DEL POZO CARRASCOSA, P. / VAQUER ALOY, A. / BOSCH CAPDEVILA, E., *Derecho civil de Cataluña. Derecho de familia*, Marcial Pons, Barcelona / Madrid, 2013.

DETHLOFF, N., "Contracting in Family Law: A European Perspective" en BOELE-WOELKI, K. / MILES, J. / SCHERPE, J. M., (eds.), *The Future of Family Property in Europe*, V. 29, Intersentia, Cambridge / Antwerp / Portland, 2011.

DESCHENAUX, H. / STEINAUER, P.-H. / BADDELEY, M., *Les effets du mariage*, Stämpfli, Berna, 2009.

DÍEZ-PICAZO, L. "Comentario al art. 1383 CCE" en *Comentarios a las reformas del derecho de familia*, V. II, Tecnos, Madrid, 1984.

DÖBEREINER, Ch., "Eherecht in Frankreich" en SÜSS, R. / RING, G. (eds.), *Eherecht in Europa*, Angelbachtal, 2006.

DURÁN I BAS, M., *Memoria acerca de las instituciones del Derecho civil de Cataluña, escrita con arreglo à lo dispuesto en el artículo 4° del Real Decreto de 2 de febrero de 1880* (Imprenta de la Casa de la Caridad, Barcelona, 1883, edición facsímil, Barcelona, 1995.

FERRARI, S. / KOCH-HIPP, M., "Eherecht in Österreich" en SÜSS, R. / RING, G. (eds.), *Eherecht in Europa*, Angelbachtal, 2006.

FONTANELLAS MORELL, J. Mª., "Una primera lectura de las propuestas de reglamento comunitario en materia de regímenes económicos matrimoniales y de efectos patrimoniales de las uniones registradas" en PARRA, C., *Nuevos reglamentos comunitarios y su impacto en el derecho catalán*, Bosch, Barcelona, 2013.

FÖTSCHIL, A., "The COMPR of Germany and France: Epoch-Making in the Unification of Law", *ERPL* 4-2010.

FUGARDO ESTIVILL, JOSEP M.ª, *El nuevo régimen económico matrimonial franco alemán de participación en las ganancias*, Bosch, Barcelona, 2013, pp. 16 ss.

GARCÍA GONZÁLEZ, J. A., *La liquidació del règim econòmic de separació de béns de Catalunya. Aspectes civils i processals: compensació patrimonial, inventari i liquidació*, Barcelona, Atelier, 2004.

GIMÉNEZ BOU, E., "Naturaleza jurídica de la asociación a compras y mejoras después de la Ley 8/93, de 30 de septiembre, de modificación de la Compilación en materia de relaciones patrimoniales entre cónyuges: ¿Régimen de comunidad o de participación en ganancias?", *La Notaría*, 9-1994.

GINEBRA MOLINS, M. E., "Compensació per raó de treball en cas d'extinció del règim per mort: aspectes familiars i successoris" en *Qüestions actuals del dret català de la persona i de la familia*, Materials de les Dissetenes Jornades de Dret català a Tossa, Universitat de Girona, Documenta universitaria, 2013, pp. 403 ss.

GÓMEZ POMAR, F., "Comentari a l'art. 3 CF" en EGEA FERNÁNDEZ, J. / FERRER RIBA, J. (dirs.), *Comentaris al Codi de família, a la llei d'unions estables de parella i a la llei de situacions convivencials d'ajuda mútua*, Tecnos, Madrid, 2000.

JÄGER, T., "Der neue deutsch-französische Güterstand der Wahl-Zugewinngemeinschaft – Inhalt und seine ersten Folgen für die Gesetzgebung und Beratungspraxis –", *DNotZ*, 2010.

JÜNERMANN, M., "Der neue Güterstand der Wahl-Zugewinngemeischaft: Familienrechtliche Grundlagen und erbrechtliche Wirkungen", *ZEV*, 2013.

KOCH, *Münchener Kommentar zum BGB*, (§ 1373 Zugewinn), n. 1, 6ª. edic., 2013, beck-online.

KOCH, *Münchener Kommentar zum BGB*, (§ 1374 Anfangsvermögen), n. 23, 6ª. edic., 2013, beck-online.

KOCH, *Münchener Kommentar zum BGB*, (§ 1375 Endvermögen), n. 19, 6ª. edic., 2013, beck-online.

LACRUZ BERDEJO, J. L., et al., *Elementos de Derecho civil*, I, Parte general del derecho civil, V. III, El derecho subjetivo, Bosch, Barcelona, 1984.

LARENZ, K. / WOLF, M., *Allgemeiner Teil des Bürgerlichen Rechts*, 8. Auflage, Verlag C.H.Beck, Munich, 1997.

MARCO MOLINA, J. "Los capítulos matrimoniales" en YZQUIERDO TOLSADA, M. / CUENA CASAS, M., *Tratado de derecho de la familia*, V. VII, La familia en los distintos derechos forales, Aranzadi, Thomson Reuters, 1ª ed., Cizur Menor, 2011.

MARÍN GARCÍA DE LEONARDO, T., *Los acuerdos de los cónyuges en la pensión por separación o divorcio*, Tirant Lo Blanch, Valencia, 1995.

MARTÍN CASALS, M., "Comentari a l'art. 52 CDCC" en CASANOVAS I MUSSONS, A. / EGEA I FERNÁNDEZ, J. / GETE-ALONSO Y CALERA, Mª. DEL C. / MIRAMBELL I ABANCÓ, A.,

Comentari a la modificació de la Compilació en materia de relacions patrimonials entre cònjuges, Generalitat de Catalunya, Departament de Justícia, Barcelona, 1995.

MEYER, T., "Der neue deutsch-französische Wahlgüterstand", *FamRZ* 2010, *Heft* 8.

MIRALLES GONZÁLEZ, I., "Comentari a l'art. 50 CDCC" en CASANOVAS I MUSSONS, A. / EGEA I FERNÁNDEZ, J. / GETE-ALONSO Y CALERA, Mª. DEL C. / MIRAMBELL I ABANCÓ, A., *Comentari a la modificació de la Compilació en materia de relacions patrimonials entre cònjuges*, Generalitat de Catalunya, Departament de Justícia, Barcelona, 1995.

MORALES MORENO, A. M., "Comentario a los arts. 1417-1434 CC" en *Comentarios a las reformas del derecho de familia*, V. II, Tecnos, Madrid, 1984.

MORALES MORENO, A. M., "Algunos rasgos caracterizadores del régimen económico matrimonial de participación en las ganancias de la Compilación de Cataluña" en *Estudios jurídicos en homenaje al profesor Aurelio Menéndez*, IV, Civitas, Madrid, 1996.

NASARRE AZNAR, S., "La compensación por razón del trabajo y la prestación compensatoria en el Libro Segundo del Código Civil de Cataluña" en BARRADA, R. / GARRIDO, M. / NASARRE, S., *El nuevo derecho de la persona y de la familia*, Bosch, Barcelona, 2011.

NAVAS NAVARRO, S., "El régimen de separación de bienes como modalidad de régimen de participación en las ganancias en el Libro II CCC (Una primera lectura)" en *Estudios de derecho civil en Homenaje al Profesor José González García*, JIMÉNEZ LIÉBANA, D. (coord.), Universidad de Jaén, Thomson-Aranzadi, 2012, pp. 1305-1327.

NAVAS NAVARRO, S., "Comentari als arts. 431-28-30 CCCat" en EGEA I FERNÁNDEZ, J. / FERRER I RIBA, J. (dirs.), *Comentari al llibre quart del Codi civil de Catalunya, relatiu a les successions*, V. II, Barcelona, Atelier, 2009.

PILLEBONT, J. F., *La participation aux acquêts*, Litec, 2ª edic., París, 2005, pp. 19 ss.

PINTENS, W., "Matrimonial Property Law in Europe" en BOELE-WOELKI, K. / MILES, J. / SCHERPE, J. M., (eds.), *The Future of Family Property in Europe*, V. 29, Intersentia, Cambridge / Antwerp / Portland, 2011.

QUÍLEZ ESTREMERA, M. A., "Cálculo convencional del crédito de participación (Art. 1429 del Código civil)", *RDN*, 1982.

RIECK, *Ausländisches Familienrecht*, 9ª edic., 2012, beck-online.

ROCA I TRIAS, E., "La liquidació del règim de separació de béns a Catalunya", *RJC*, núm. 3, 2008.

ROCA TRIAS, E., "Els canvis en el règim de béns: de la separació a la comunitat diferida" en FLORENSA I TOMÀS, C. E. (dir.) / FONTANELLAS MORELL, J. M. (coord.), *La codificación del Derecho civil de Cataluña. Estudios con ocasión del cincuentenario de la Compilación*, Marcial Pons, Barcelona/Madrid, 2011.

RÖTHEL, A., "Die Zugewinngemeischaft als europäisches Modell?" en LIPP, V. / SCHUMANN, E. / VEIT, B. (eds.), *Die Zugewinngemeischaft – ein europäisches Modell?*, 7. Göttinger Workshop zum Familienrecht 2008, Universitätsverlag Göttingen, 2009.

SALVADOR CODERCH, P., "Alteración de circunstancias en el art. 1213 de la Propuesta de Modernización del Código civil en materia de Obligaciones y Contratos", *Indret* 4/2009.

SCHERPE, J. M., "Marital Agreements and Private Autonomy in Comparative Perspective" en SCHERPE, J. M., *Marital Agreements and Private Autonomy in Comparative Perspective*, Hart Publishing, Oxford / Portland, 2012.

SCHERPE, J. M., "Los acuerdos matrimoniales en Inglaterra y Gales tras *Radmacher* v. *Granatino*", *Indret*, abril, 2012.

SCHERPE. J. M., "Englische Familienrecht: Miller und McFarlane – das House of Lords entscheidet erneut über Güteraufteilung nach Ehescheidung", *FamRZ*, 2006, Heft n. 53, II.

SCHWAB, D., *Familienrecht*, 17ª ed., C.H. Beck, Munich, 2009.

SERRANO DE NICOLÁS, A., "Los pactos en previsión de una ruptura matrimonial en el Código civil de Cataluña" en BARRADA, R. / GARRIDO, M. / NASARRE, S., *El nuevo derecho de la persona y de la familia*, Bosch, Barcelona, 2011.

SIMLER, PH., "Le nouveau régime matrimonial optionnel franco-allemand de participation aux acquêts", *Droit de la famille*, n. 5, 2010, pp. 1-10.

STEENHOFF, G., "A Matrimonial Property System for the EU?", *IFL*, 2005.

THORPE, M., "Financial Consequences of Divorce: England versus the Rest of Europe" en K. BOELE-WOELKI / J. MILES / J. M. SCHERPE (eds.), *The Future of Family Property in Europe*, V. 29, Intersentia, Cambridge / Antwerp / Portland, 2011.

COLECCIÓN DE MONOGRAFÍAS DE DERECHO CIVIL

Dirección de D. Mariano Yzquierdo Tolsada

I. PERSONA Y FAMILIA

I.1. El mantenimiento de la familia en las situaciones de crisis matrimonial (2002). Yolanda B. Bustos Moreno

I.2. Mediación familiar. Prevención y alternativa al litigio en los conflictos familiares (2003). Lucía García García

I.3. Aspectos civiles de la sustración internacional de menores. Problemas de aplicación del Convenio de la Haya de 25 de octubre 1980 (2003). Blanca Gómez Bengoechea

I.4. Masas patrimoniales en la sociedad de gananciales. Transmisión de su titularidad y gestión entre los cónyuges (2004). Montserrat Pereña Vicente

I.5. La adopción internacional en el derecho español (2004). María Aránzazu Calzadilla Medina

I.6. Cohabitación y matrimonio (la experiencia escocesa) (2007). Luis Arechederra

I.7. Derecho a la identidad y filiación: Búsqueda de orígenes en adopción internacional y en otros supuestos de filiación transfronteriza (2007). Blanca Gómez Bengoechea

I.8. Autonomía, libertad y testamentos vitales (2009). Ana Isabel Berrocal Lanzarot y José Carlos Abellán Salort

I.9. La protección de los derechos del menor de edad frente a los contenidos discriminatorios por razón de género en los medios de comunicación (2012). M.a Carmen Núñez Zorrilla

I.10. La autorización al tratamiento de información personal en la contratación de bienes y servicios (2012). M.a Rosa Llácer Matacás

I.11. Tratamiento legal de las filiaciones no biológicas en el ordenamiento jurídico español: adopción "versus" técnicas de reproducción humana asistida (2013). Daniela Jarufe Contreras

I.12. La verdad biológica en la determinación de la filiación. Maricela Gonzáles Pérez de Castro

I.13. Autorregulación de la crisis de pareja. (Una aproximación desde el Derecho civil catalán) (2013). Gemma Rubio Gimeno

I.14. Los mecanismos de guarda legal de las personas con discapacidad tras la Convención de Naciones Unidas (2013). Sofía de Salas Murillo

I.15. La asistencia. La medida de protección de la persona con discapacidad psíquica alternativa al procedimiento judicial de incapacitación (2014). Mª Carmen Núñez Zorrilla

I.16. El régimen de participación en las ganancias desde una perspectiva europea (Atención especial a la reciente modificación del Derecho catalán) (2014) Susana Navas Navarro

I.17. Derecho de relación entre los hijos y el progenitor no custodio tras el divorcio (2014). Marcela Acuña San Martín

II. OBLIGACIONES Y CONTRATOS

II.1. La rendición de cuentas en el Código civil con especial examen en la tutela (2003). Eva M.a Martínez Gallego

II.2. La opción de compra (2003). Camino Sanciñena Asurmendi

II.3. Evicción parcial en la compraventa en el Código Civil Español (2004). María Martínez Martínez

II.4. El contrato para persona a designar. Nuevas perspectivas (2004). Mónica Navarro Michel

II.5. Relajación formal de la donación (2004). Margarita Isabel Poveda Bernal

II.6. El nuevo regimen legal de saneamiento en la venta de bienes de consumo (2005). Margarita Castilla Barea

II.7. La cláusula penal ante la armonización del derecho contractual europeo (2009). Germán de Castro Vítores

II.8. La usura: evolución histórica y patológica de los intereses (2011). Francisco Javier Jiménez Muñoz

II.9. El contrato para persona por designar y la cláusula de reserva de nombrar (2011). Agustín Luna Serrano

II.10. La dación en pago en Derecho español y en Derecho comparado (2012). M.a Raquel Belinchón Romo.

II.11. Cuestiones sobre la compraventa en el Código Civil. Principios europeos y Draft (2012). María del Carmen Gómez Laplaza.

II.12. El contrato de transporte aéreo de pasajeros: sujetos, estatuto y responsabilidad. Un análisis de la jurisprudencia española (2013). Belén Ferrer Tapia

II.13 La alteración sobrevenida de las circunstancias contractuales. Manuel García Caracuel (2014)

III. RESPONSABILIDAD CIVIL

III.1. Sistema de Responsabilidad Civil contractual y extracontractual (2001). Mariano Yzquierdo Tolsada

III.2. Responsabilidad civil: Los «otros perjudicados» (2002). Miguel Gómez Perals

III.3. El aseguramiento de la responsabilidad civil por daños al medio ambiente (2002). José Ignacio Hebrero Álvarez

III.4. Daños corporales y Carta Magna. Repercusión de la doctrina constitucional sobre el funcionamiento del sistema valorativo (2003). Mariano Medina Crespo

III.5. La culpa de la víctima en la producción del daño extracontractual (2003). María Medina Alcoz

III.6. La asunción del riesgo por parte de la víctima. Riesgos taurinos y deportivos (2004). María Medina Alcoz

III.7. Nuevas formas de gestión hospitalaria y responsabilidad patrimonial de la Administración (2004). Pedro Rodríguez López

III.8. Responsabilidad del promotor por daños en la edificación (2004). Miguel Gómez Perals

III.9. El riesgo de desarrollo: un supuesto paradójico de la responsabilidad por productos (2005). Ramiro José Prieto Molinero

III.10. La reparación del daño en forma específica. El puesto que ocupa entre los medios de tutela del perjudicado (2013). Paloma Tapia Gutiérrez

IV. PROPIEDAD Y DERECHOS REALES

IV.1. Vías pecuarias y propiedad privada (2002). M.a Ángeles Parra Lucán

IV.2. La posesión mediata e inmediata (2002). Cristina Fuenteseca

IV.3. La división de la cosa común en el Código Civil (3.a ed., 2006). José M.a Abella Rubio

IV.4. La normativa posesoria de la liquidación y su generalización (2005). Miguel L. Lacruz Mantecón

IV.5. Propiedad Horizontal: Sujetos obligados a la contribución de los gastos generales (2006). Carmen Muñoz García

IV.6. El Derecho de propiedad privada en los bienes de interés cultural (2006). Luis A. Anguita Villanueva

IV.7. La inmatriculación por título público (2006). Margarita Herrero Oviedo

IV.8. Aspectos críticos en la estructura de la hipoteca inmobiliaria (2006). Rosa M.a Anguita Ríos

IV.9. La ocupación imposible. Historia y régimen jurídico de los inmuebles mostrencos (2011). Miguel L. Lacruz Mantecón

IV.10. Derechos de vuelo y subsuelo. Doctrina registral y jurisprudencial (2011). José Arturo Matheu Delgado

IV.11. El embargo y la titularidad de los bienes embargados (2012). José Antonio García Vila

IV.12. Régimen jurídico civil de los animales de compañía (2014). Cristina Gil Membrado

V. DERECHO DE SUCESIONES

V.1. El legado alternativo (2003). Carlos Cuadrado Pérez

V.2. El cónyuge supérstite en la sucesión intestada (2003). Marta Pérez Escolar

V.3. La Cautela gualdense o Socini y el artículo 820.3.° del Código Civil (2004). Luis Felipe Ragel Sánchez

V.4. Seguro de vida y derecho de sucesiones (2005). María del Pino Acosta Mérida

V.5. Los derechos sucesorios del cónyuge viudo en la nulidad, la separación y el divorcio (2006). Mª Ángeles Fernández González-Regueral

V.6. El principio *Nemo pro parte testatus pro parte intestatus decedere potest.* Evolución y significado (2006). Esteve Bosch Capdevila

V.7. La Sucesión «Mortis Causa» de los Títulos Nobiliarios. Incluye jurisprudencia actualizada (1978-2006) (2007). Manuel de Peralta y Carrasco

V.8. Ser Heredero. Una defensa del criterio subjetivo (2009). Jesús Ignacio Fernández Domingo

V.9. La sustitución fideocomisaria sobre la legítima estricta en presencia de incapacitados (2010). María Teresa Martín Meléndez

Made in the USA
Middletown, DE
04 November 2026

36535948R00084